看護師僧侶
玉置妙憂 著

# 困ったら、やめる。迷ったら、離れる。

「自分の軸」がある生き方のヒント

大和出版

# はじめに　自分という「木」を育てるために

かつて私は、法律事務所に勤める事務員でした。

しかし、生まれた長男が重度のアレルギー症状に苦しんでいる姿を見て、「息子専属の看護師になる」と決意。看護師の免許を取得しました。その後、長男の症状が落ち着いてからは、看護師として病院で働くようになりました。

そうこうするうちに、フリーカメラマンだった夫が大腸ガンを発症。初発の時こそ入院してきちんと治療を受けた夫でしたが、数年後に再発と転移が判明した時には、「積極的な治療はせず、家にいる」という道を選んだのです。

当時の私は、その選択を「家族への愛がない」としか思えず、ずいぶんと言い争いもしました。

でも、結局は自分の人生のデザインをしっかりと持っていた夫の意志を尊重し、最期の時間を、今度は夫専属の看護師として家で支えることになりました。その約一年後、夫は他界。医療の介入を極力抑えたその体は「ほどよくドライ」に枯れていて、いわゆるエンゼルケアなどを必要としない、潔く美しい死にざまだったことを、八年経過したいまでもよく覚えています。

夫が亡くなってからしばらくは、看護学校に通う長男とまだ小学生の次男と三人で、スケジュールを合わせてはテーマパークへ月に何度も出かけたり、毎日のように花屋に通ってたくさんの花を買ったり、とにかく心のままに過ごしていました。

おそらくその頃の私は、外面は冷静に見えていても本当は辛くて、悲しくて、そんな気持ちを持て余し、困り果て、これから息子ふたりとどう生きていけばよいのか迷っていたのだと思います。

テーマパークやたくさんの花は、ひと言でいえば、現実逃避だったのでしょう。

「そろそろ社会復帰しなくては……」と思ったのは、それから三か月後、夫の納骨をすませてからのことでした。

しかしその時、私の心の中にはなぜか、

「仏教に帰依したい」

という思いが湧き起こってきたのです。

いまでも、明確な理由は見つかっていません。

ただ、夫を看取った体験は、何らかの形で影響しているのかもしれません。


そしてもうひとつ。

夫が逝った後の三か月間、現実逃避をして過ごした日々が、後押しをしてくれたような気もしています。

あの時、自分自身の困り果て迷う気持ちにフタをして、闇雲に毎日の生活に向かい続けていたら、私の中に「仏教を勉強したい」という気持ちは湧いてこなかったかもしれません。

人生には、ときには自分を甘やかして心のガス抜きをする時間も必要なのです。

「困ったら、やめる。迷ったら、離れる。」

これが、生きやすくなるコツではないかと思っています。

その後、家族と職場に出家を宣言して高野山真言宗にて修行を積み、私は僧侶になりました。

現在は、看護師としてクリニックに勤務する傍ら、僧侶としてスピリチュアルケア活動を行っています。

その影響もあってか、さまざまな方から「生き方」についての相談を受けるようになりました。

「このまま働き続けてどうなるのでしょうか……もう疲れてしまいました」

「いくら頑張っても、人やお金に恵まれません」

「息子が、娘が、私の言うことに耳を貸さなくなってしまいました」

「心変わりしてしまった彼と、どうやったら復縁できるでしょうか」


まったく、私たちの人生には、思いどおりにならないことがなんと多いことでしょう。

だからこそ、私たちは「幸せ」になるにはどうしたらよいのか、日々模索しているのです。

しかし、自分の根っこの部分が枯渇している限り、「幸せ」にはなれないと私は思っています。


この本の中でもお話ししていますが、私は、「人間は誰もが自分の中心に一本の『木』を持っている」と考えています。

その木を育てるためには水分や養分、つまり楽しいことやうれしいことがたくさん必要です。

それが不足していると、木は痩せ細り、傷つきやすく、生きていることが苦しくなってしまうのです。

大切なのは、まず自分の中の「木」に気づくこと。そして、その木の状態をきちんと把握すること。さらに、その木に「自分自身で」栄養と水をあげられるようになること、です。


生きていればイヤなことは大なり小なりあるもので、トラブルがひとつもないという人などほとんどいないでしょう。

けれど、あえて自分から飛びこむ必要はありません。

知らなくてよいことは、掘り下げる必要はありません。

例え知ってしまったとしても、追いかける必要はありません。

確実に言えることは、不安や愚痴を言い続けてしまう、

「自分を止めるのは自分しかいない」

ということです。

いま、あなたを取り巻いている環境や世界をつくっているのも、あなた自身でしかありません。

「この世は私がつくっているのだ」「だから何とでもなる」

くらいに、いつも思っていればよいのです。

こういう話をすると、

「じゃあ自分に都合の悪いことは見ない、自己中心的な人間になっていいの？」

という人が必ず出てくるものです。

たとえば、仕事のできない後輩を「本当に面倒なので、見ないようにします」

と切り離す。

上司から受ける注意を「うるさいので聞きません」と切り離す……。

この世の中は自分がつくっていると思うことと、すべて自分にとって都合よく振る舞うということは、あきらかに違います。

自分の心地よさをつくるために、他人を不快にしないこと。

これが基本ルールです。


人間はひとりで生まれ、ひとりで死んでいく孤独な生き物ではありますが、この世で生き続けていくためには、誰かと関わらずにはいられません。

両親や家族も含めて、さまざまな人間と折り合いをつけて生きていく中で、うれしいこと、楽しいこと、心地よいことを見つけて、自分の木を太く高く育てていく――それが「幸せ」というものではないかと私は思っています。

そのために必要なのが、

「困ったら、やめる。迷ったら、離れる。」

ということ。

どんなことにも当てはまる、生きやすくなるためのキーワードです。

ときには自分を甘やかしてガス抜きしたり、判断を先送りにしたりすることで、自然と心が楽になる生き方です。

ではどうすれば、そんな心持ちになれるのか――。

そのヒントを、この本の中で見つけていただくことができたら、少しでも、あなたさまのお役に立つことができたら、と思い筆をとりました。


すべてやっていただく必要はありません。

できることから少しずつ、トライしてみていただければと思います。

その一歩が、新しい一歩となっていくのですから。

あなたさまの「木」が、太く、高く、どこどこまでも大きく育ちますように。

玉置妙憂

目次◉困ったら、やめる。迷ったら、離れる。

## 第2章 心の不安をスーッと鎮める

### ――「自灯明」

## 第3章 悲しみも苦しみもやがては過ぎ去る
### ――「諸行無常」

## 第4章 いつも迷わない自分であるために ——「観自在」

## おわりに　悩んでいた問題がちっぽけに見えてくる瞬間

# 第1章　人付き合いは、風に吹かれる柳のように

——「如実知自心」

## あなたも、あの人も、移ろいやすい生き物です

なんでわかってくれないのだろう。
あの人には日本語が通じないみたい。
そんなつもりで言ったんじゃないのに。

相手に自分の言いたいことや思いが伝わらず、イライラしたり、悲しかったり、がっくりきてしまったりしたことはありませんか。

仕事上の上司や部下との付き合いでもさることながら、家族や友人、恋人など、よくわかり合っているはずの相手とでさえ、自分の気持ちが思うようにうまく伝わらないことがあるものです。

**その原因は、もしかすると、あなたが、**

**「相手の状況を鑑みて伝えていない」からかもしれません。**

たとえば、普段は楽しい恋人との会話も、締切りに追い込まれ煮詰まっているときにあれこれ話しかけられ続けたら「勘弁してよ！」となりますよね。

恋人はいつもと同じに話しかけてくれているのですけれど、受け手のあなたの心がいつもと違えば、状況はガラリと変わってしまいます。

つまり、相手に伝えようとするときは、相手がいまどのような状態なのかをよくわかって、それに合わせた伝え方をしないとうまく伝わらないのです。

**お釈迦さまは、一人ひとりの悩みを聞いて、それぞれの人に応じて教えを説かれました。**

**これを、「対機説法」といいます。**

お釈迦さまは、相手のことをよく見て、まさに今、相手が欲しているもの、必要としているものを察知して、言葉を選んでお伝えになりました。

だからこそ、その人の胸に、教えがスーッと入っていったのです。

困っている時にちょうどよく助けになる人や環境に恵まれることをいう「渡りに船」という言葉は、ここから生まれました。


「対機説法」は、現代でも十分に通用する方法です。

ただし、私たちは移ろいやすい生き物。

伝えるほうも、聞くほうも、日々コンディションが刻々と変わってしまいます。

この間はOKだった冗談が、今日は通じず大目玉を食らう、なんてこともなきにしもあらずです。

そもそもあなたと相手はまったく違う人間。性格も、価値観も、これまでの経験値もそれぞれです。

だからこそ、伝えようとするときは、相手の土俵に立って話すことが大切なのです。

「あの人、話が通じないのよ」

「わかってくれないから何を言っても無駄」

ではなく、

「私、対機説法ができていないのかも」

とちょっと考えてみるだけで、解決の糸口が見えてくることもあります。

それでもどうしてもうまくいかないときは、一回ひきましょう。

**対機説法は、時の流れにも対応可能です。**

時間を置けば、うまくいくこともたくさんあるはずです。

## 仮想の人間関係に悩む必要はありません

困った対機説法「もどき」も、中にはあります。それがSNSではないかと私は思っています。

こちらのサイトにはこう書き込み、あちらのサイトにはああ書き込む。

あなたにも覚えはありませんか?。

気分によって、状況によって、名前やキャラクターを変えて好き勝手なことを書きこんでもよいのが、インターネット上にあるSNSという世界です。

しかし、その矛盾点をくまなくチェックしては真剣に腹を立てたり、落ち込んだりする人も少なくありません。

また思いつきでつぶやいたひと言に、見ず知らずの人たちから非難の言葉が殺到し、いわゆる「炎上」してしまって「人間が怖くなった」と引きこもってしまったという人もいます。

これもまた人間関係のトラブルに分類されるのでしょうが、姿の見えない、ネット上の相手に対して何を悩む必要があるのだろうと私などは思ってしまいます。

なぜならその人間関係は、あくまでも「仮想」だからです。

もちろん、SNS上には実際の友人知人もいるでしょう。

しかし読んで、見て、不快になるようなことを書きこんでくるのは、大抵が見ず知らずの人であったり、SNS上で知り合った人であったりすることのほうが多いのではないでしょうか。

私生活で何かイヤなことがあった。その鬱憤を晴らしたい。だから、

「今日はコイツのSNSに暴言を書き込んでやろう」

「バカなこと書いてるな。拡散してやろう」

こういう人は、おそらく五万といるでしょう。

いちいち相手にしていたら、体がいくつあっても足りません。

**SNS上での言葉のやり取りしかない相手は、仮想の人間関係だと割り切れば、悩みがひとつ減るのではないでしょうか。**

ところが、友人同士のSNSのやり取りでもトラブルはツキモノのようです。

先日、こんな話を耳にしました。

AさんとBさんはある日、一緒に楽しい時間を過ごしました。Aさんはそれを SNSの記事にアップしましたが、Bさんはしませんでした。すると後日、Bさんのもとに Aさんからこんな苦情のメールが届いたそうです。

「あんなに楽しかったのに、なぜ、あなたは記事にしないの？」

私から見れば、前者の場合も後者の場合も、フォロワーや「いいね！」の数を増やしたいという気持ちがトラブルを起こしているように思えてなりません。

ではなぜ、そんなに「いいね！」やフォロワーが欲しいのか？

おそらくその数字が、自分の存在価値とイコールになってしまっているからなのではないでしょうか。

余計なトラブルが苦痛で、すべてのSNSをやめてしまう人も増えているようですが、この対処法は正解だと私は思います。

仮想の人間関係や相手の私欲に悩むのであれば、やめてしまえばよいのです。

それでも続けてしまうのは、やはりフォロワーや「いいね！」の数に支えられているところが大きいからなのかもしれません。

東日本大震災当時、朝から晩まで被災地の報道が流されたことが要因となり、東京で「震災うつ」の患者さんが激増し、私の勤めていた病院にも多くの人たちが受診にやってきました。

震災の情報が必要だったので、ニュースを見ざるを得ないということもありましたが、その時の医師の対応は薬物の処方ではなく、

「テレビを消しなさい」

という、シンプルかつ的確なものだったことをよく覚えています。

それだけで回復していく人がたくさんいらしたことも事実です。

しかし現地にいればそういうわけにもいかず、そこはなかなか難しく厳しい問題ではありますが、何よりも先に「切り離す」ことというのも大事なのです。

人間関係においても、たとえそれが仮想でも現実でも、同じだと思います。

## 「逃げるは恥だが役に立つ」には一理あります

学校や職場に本当に苦手な人がひとりかふたり、いたとします。

それは意地悪な友達だったり、陰険な先生だったり、パワハラ上司だったり、言うことをきかない部下だったり、人によってケースバイケースだとは思いますが、とにかく顔を合わせる度に生きていくのが辛くなるほど嫌ならば、その人がいない学校や職場に移ったほうがよい、という場合もあると思います。

しかしそうした決断は、実際にはなかなかできないものです。


表面上の理由は経済的なことや責任問題などさまざまでしょうが、その奥底には私たちが受けてきた「教育」という礎があると思います。

「石の上にも三年」

「弱音を吐くな」

「初志貫徹」

「ぶれない」

「目標達成」


私たちは子供の頃から、こうした考え方が美徳であると教育されてきました。

そして、何ごとも長続きしない人や、途中であきらめてしまう人に対しては、

「根性がない」

「落ち着かない」

「腹が座っていない」

といった評価が下されてきました。

その結果、

「頑張って困難を克服し、乗り越えることは素晴らしい」

「逃げ出してしまうのはよくない」

という考え方が主流になってしまっているようです。

しかし私は、イヤなことから「逃げる」という解決法を否定しません。

だからと言って転校や転職を10回以上繰り返してしまうのは問題ですが、クセのある人に巻き込まれたばかりに歯を食いしばって頑張らなければならないという状況にあるならば、相手と関わらないようにするのがいちばんの得策であると思うのです。

職場には大抵、そうしたクセの強い人、苦手な人はいるものです。

私のかつての職場にも、ちょっと変わった女性が働いていました。彼女は自分なりの「不動の価値観」の持ち主で、そこからズレていることに関して必ず文句を言ってきます。つまり、決められたことは完璧にこなすことができるけれど、ケースバイケースの臨機応変な対応ができないわけです。そればかりか、現場で融通を利かしているスタッフへ攻撃を仕掛けてくることもあります。

そこで私は、彼女の長所が生かせるように、ルーティンワークを担当してもらうことにしたところ、職場でのトラブルは激減しました。


マンパワーに溢れていた高度成長期当時の日本なら、ある一面だけを見られて、「協調性がない」といったレッテルを貼られ、会社や社会から排除される対象になってしまうこともあったかもしれません。しかし現代では、クセを個性に昇華して一緒にやっていくのが良しとされます。


**それでも、体調を崩すほどイヤなら逃げればよい。それができないのであれば相手を変えるのではなく、自分が変わればよい。**

その方法を既に、みなさんはそれぞれ学び始めている。

だからこそクセのある人や苦手な人に出会い、考える機会を与えられているのかもしれません。

とはいえ、どんな努力も受け入れてもらえない場合もあるでしょう。

そこから先は相手の問題であり、あなたがどうにかできるものではありません。

相手を「どうにかしよう」「変えよう」と考えるのは違うということを、心に留めておきたいものです。

# 人間関係を「三つの箱」に振り分けると楽になります

あなたを日頃から不快にさせている相手がいるとしましょう。おそらくその人はあなたと見ている方向、つまり価値観や判断基準の違う人です。

たとえば日頃から、

「挨拶をしないヤツはバカで最低で人間じゃない」

と考えている人がいた、としましょう。

あなたはその日多忙で、たまたまその人に挨拶をし忘れてしまったのですが、相手はそのことであなたをひどく攻撃してきました。理不尽に感じたあなたが、

「挨拶を忘れることだってあるじゃないですか」

と訴えても、その人は一歩も引きません。なぜなら、自分の考え方が間違っ

ているとは思っていないからです。

さて、いまのあなたはどう感じていますか。

「とても不愉快だ」と腹を立てているのではありませんか。

つまりそれは、あなたの気持ちが完璧に「相手に支配されている」状態だということになります。

**「アイツは挨拶もできない。最低なヤツだ」と罵られ、ドヨ〜ンと落ち込んでいること自体が、まさに相手の思うツボというわけです。**

ではここでひとつ質問します。

あなたにとってその相手は、一挙手一投足を支配されるほど「大事な人」なのですか？

きっと多くの場合、そうではないと思います。

相手が親友や恋人なら、そういうわけにはいかないでしょうが、それほど大事な人でないのなら、何か言われたところで相手に支配されて不快になる必要などありません。

このように、あなたの周囲にいる人たちをこっそり振り分けていってはどうでしょう。

方法は簡単です。

心の中に「三つの箱」を用意して、あなたに関わっている人々を当てはまる場所に入れていきます。

**①とても大事な人**

**濃密に影響し合う相手。感情の海は相手に応じて満ちたり引いたりする。**

**②人畜無害な人**

**ある程度の距離を保って付き合う相手。感情の海は凪。**

**③大嫌いな人**

**絶対見たくない。排除したい。関わりたくない相手。感情の海は大嵐。**

## つまり「大好きの箱」と「大嫌いの箱」をひとつずつ作るわけです。

このどちらかに入った人たちは、よくも悪くもあなたの感情を動かす相手。

①の箱に入っている人は、あなたが大好きな相手ですから感情が動くのは必須ですね。

③の箱も同様で、たとえばそこにあなたに強い恨みを持っている人がいたとすれば、あなたは常にその人を警戒しなければならないし、その人から何かされた時には身を守らなければならないし、時には怒らなければならないかもしれません。つまりネガティブではあるけれど確実に感情が動くわけです。

そして、中間にある②の箱に入っているのが「人畜無害な人」です。

そこには「ちょっと好き」「ちょっと嫌い」なども含めて、いくつ箱を並べてもかまいません。しかし、例えちょっと好きだろうが、ちょっとイヤだろうが、「人畜無害な人」には変わりないのですから、自分の感情を動かす必要はないのです。

このように振り分けて考えると、人間関係だけでなく、あなたの感情もスッキリ整理されていくかもしれません。

ただし、これはあくまでもナイショの個人作業。大々的に発表すると、「そんなふうに他人のことを箱に振り分けているの？」と言われてしまうので注意してくださいね。

## 「人畜無害な人」に惑わされないようにしましょう

私自身もそうですが、大抵の場合は③の箱に入る人というのはなかなかいないものですし、①の箱に入る人も、せいぜい数人でしょう。

ということは、残りのほとんどの人は②の箱に入るわけです。

そこにいるのは、あなたが感情を動かす必要のない人たちです。

会社で嫌味を言ってくる人も、SNS上だけのお付き合いをしている人も、②の箱に入れてしまいましょう。

すると、ある人から突然、

「あなたって最低ね」

と言われたとしても、

「あ、そういう見方をする人もいるのだな」

とありがたく聞き流すことができませんか？

あなたは誰かに攻撃されたと勘違いして動揺し、相手を②の箱から①または③の箱に入れてしまってはいないでしょうか。

しかし、相手の言動に対して自分を守ろうとする必要もなければ、怒る必要もありません。

なぜならその人は、あなたにとって「人畜無害な人」だからです。

**振り分けを間違わないこと。**

**それが、人間関係を複雑化させないヒントです。**

トラブルに見舞われて不愉快になってしまったら、これからは、

「そもそもこの人は、何番の箱の人だったかしら」

と、イメージしてみましょう。

## あなたもまた、三つの箱のどれかに振り分けられています

三つの箱の話を読んで、中には、

「友人知人を、三つの箱に振り分けるなんて……」

と、思っている人もいらっしゃるでしょう。

しかし裏を返せば、あなただって相手の箱に振り分けられるひとりなのです。

「恋人に電話をかけても、出てくれない」

「LINEは既読になったのに、返信がない」

といった経験は、誰でもあると思います。

そう感じて淋しくなったり腹を立てたりするのは、

「私はあの人の①の箱に入っているのだ」

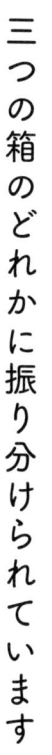

と、思っているから。もしくは①の箱に入りたいという欲求があるから。

ゆえに、必要以上に落ち込んだり、相手に噛みついたりしてしまうのです。

そして、自分が①の箱に入っていないことがわかると、今度は、

「私はあの人の③の箱に入っているのだわ……」

と思い込み、またまた落ち込んでしまったりするわけです。


しかし、よく考えてみてください。

あなた自身も、人間関係を三つの箱に振り分けた時、②の箱にたくさんの人が入ったのではありませんか？

逆に、①と③の箱に70人80人も入っていたとしたら、むしろそのほうが問題かもしれません。


**自分も相手も、ほとんどの人を②の箱に振り分けている――そのことが腹に落ちてくると、多少のことでは動揺しなくなります。**

一時的にショックを受けることがあっても、短時間で水に流すことができる

ようになります。また、相手から自分が思うほど大事にされていないと感じても、それで心が揺らぐこともなくなります。

時には、相手にとってあなたは①の箱の人で、あなたにとって相手は②の箱の人だということもあるでしょう。

相手はそのことに気づいた時、あなたを恨んで③の箱に入れた挙句、あちこちで悪口を言ったりするかもしれないけれど、それを気にする必要もありません。


**なぜならそこから先は相手の問題であり、本人が解決すべきことだからです。**


大事なのは、相手の振り分けの自由を認めること。

あなたにとって相手は①の箱の人、しかし相手にとってあなたは②の箱の人。

これはもう仕方のないことです。

なぜならこの三つの箱は、あくまでも本人が振り分けたものであって、相手との同意でなされているものではないからです。

おそらく、お互いに同意して同じ①の箱に相手を入れた時に「結婚」ということになるのでしょう。しかしそれでも、だんだんとすれ違って崩れていく場合だってあるわけです。

自分と相手の箱が異なっている場合、そこから先はもう「無償」の世界です。たとえば、両親などはその最たるものと言えるでしょう。

思春期や反抗期、子供は親を③の箱に入れてしまいがちですが、親はいつでも子供を①の箱に入れていたりします。

勘違いしないでほしいのは、たとえば一度どこかの箱に誰かを入れたら、その相手は一生不動のままその箱の中にはいない、ということ。

**三つの箱の中身は時と場合によって「変動」するものなのです。**

そう考えれば、周囲の人間関係に対してますます臨機応変になっていくことができるのではないでしょうか。

ただし、相手の箱の中身をあなたが変えることはできません。あなたが箱の中身を自由に振り分けているように、相手も振り分けているのですから。

# あなたはあなたを認めてあげていますか？

親に認めてもらえない。

上司に認めてもらえない。

友達や恋人に認めてもらえない。

一体どうしたら、どこまで頑張れば認めてもらえるのか……。

こうした相談を受けることも少なくありません。


そんな時、私はいつもこう問いかけたくなります。

「あなたは、あなた自身をきちんと認めてあげていますか？」

誰かに認めてほしいと切望する人のほとんどは、自分をないがしろにしていることが多いものです。

自分を認めること。これを心理学では、

「自己肯定感」

と呼んでいます。

常に高圧的で、人を不愉快にさせる言動を取ってしまう人。

自分だけが正しいと思い、相手の意見を取り入れることのできない人。

そして自分だけでなく、相手のことも認めてあげられない人。

いずれも、自己肯定感の低さの表れだと言えます。

確固たる自己肯定感を持っている人というのは「ありのままの自分」を受け入れているがゆえに、相手のことも受け入れることができます。

しかし自己肯定感が低い人は「私の中身は空っぽだ」という気持ちが強いがゆえに、相手を攻撃することで自分の存在価値を見せつけようとしてしまいがちです。

とはいえ、

「では今日から自己肯定感を高くしよう」

と思っても、簡単にはできないものです。

一方、自己肯定感は高く持ってよいものですが、中には極端に「優秀な自分」と勘違いしてしまう人も少なくありません。

たとえば、自分に与えられた仕事はきちんと完璧にこなしているからあとは何をしてもいいと思ってしまったり、自分の仕事は完璧なので損失を出していないと思ったり……実際そうではないのですが、見えていないという感じです。

極端なケースでは、まるで自分が「神」のような存在であると思い込み、自分の正しさを武器に周囲の意見を排除してしまう場合もあります。

つまり自己肯定感の低さと勘違いは同じ現象を引き起こす、人間関係のトラブルの元になりがちだということです。

何でも、両極端というのはあまりよろしくありません。

**仏教では、**

**「中道をいく」**

**ということが重んじられています。**

左端でも右端でもなく、人生という道の真ん中を歩いていこうという考え方で、要はバランスが大切であるという教えです。他の言葉に例えるならば、

「ぶれない自分軸」

という感じでしょうか。

**太くてまっすぐな道を作って、なるべく真ん中を歩いていくのです。**

すると、例え誰からも認めてもらえなくとも、そのことによって道からそれることはなくなります。

ところが、狭い道をやっとのことで歩いていると、気がつけば両端に崖が出来ていて、いつ転げ落ちてしまうかわからない恐怖にかられてしまうものです。

その恐怖心や自信のなさが周囲の評価を気にする自分や、NOと言えない自分を作り上げていき、遂には、

「こんなに頑張っているのに、認めてもらえない自分」

という虚像を完成させてしまうのです。

あなたがあなた自身を認めていなければ、周囲の人もあなたを認めてくれないのではないでしょうか。

認めてほしいと思う前に、自己肯定感を高く持つこと。

そのために必要なのが、ぶれない「自分軸」なのです。

## 「自分軸」という木を育てていきましょう

自分軸のイメージは、

「私の体の真ん中に生えている木」

と捉えるとわかりやすいでしょう。


木が太ければ太いほど、安定感が生まれます。

暴風雨にさらされても、ポッキリ折れることはありません。

**「私の木は、いまどれくらい育っているかなぁ」**

**と、いつも自分で意識すること。それが大切です。**


私が勤めている病院には、依存症やリストカット癖のある人など、かなり極端な患者さんが多いのですが、その人たちを見ていると自分の木を育てて太くするために必要な「養分」がすべて「外側（外界）」にあることに気づきます。

たとえば「親」が養分であれば、親が自分を認めてくれないとその人の木は育ちません。

「上司」が養分であれば、上司に褒められた時にだけ木が育っていきます。

「恋人」が養分であれば、愛されている間は木が育つけれど、相手が離れていくと途端に枯れてしまいます。

このように、外側からの養分で木が育つという仕組みを自分で作り上げてしまうと、外側からネガティブな出来事がやってきた途端に、あなたという木は枯れてしまうのです。

しかし中には、ネガティブなことを言われると逆に「何クソ！」と奮起して、木がどんどん育っていくという人もいます。

それは、ネガティブな出来事を自分の中で養分に変換することができるからであり、これが「自分軸」という木を育てるために必要不可欠なことなのです。

「外側から養分をもらって自分の木を育てる」という仕組みを変えない限り、おそらくあなたにはいつまでも同じ問題がふりかかり、そこから抜けられないままになってしまうでしょう。

## 考え方を少し変えれば、あなたの内側から養分が湧いてきます

では、木に理想的な養分を与えて「自分軸」を太く育てていくためにはどうすればよいのでしょうか。

すぐにできるのは、考え方を少しだけ変えてみるということです。

たとえば、

「私の木は、たくさんお金がないと育たない」

と考えていたとします。

その考え方を「足るを知る」という方向へと変換させてみてください。

「私は毎日、朝昼晩と美味しいご飯を食べられている」

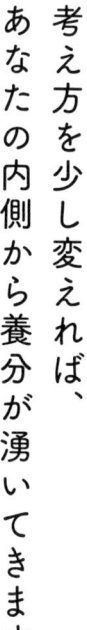

「私には着るものがある」

「家賃を払って住む場所を確保できている」

「時々は友だちと映画を観たり、外食できる余裕もある」

これらはすべて、あたりまえのことです。

**しかし人は、あたりまえのことほど気づかない生き物。**

**ですから、このように細かく考えていくことはとても大事だと私は思います。**

多額のお金を要さずとも「足る」ことの一つひとつを、紙に書き出してみるのもよいでしょう。

それだけで、自分の内側にあるものが見えてくると思います。


あなたの木を育てる養分は、いろいろな場所にたくさん存在していて、本来はどんなことでも役立ってくれるのですが、たとえば、

「彼から愛されることが、私の養分だ」

と思っていると、その愛がなくなった時にあなたの樹木は枯れてしまいます。

ですから、このように考え方を変えてみませんか。

「あの人を愛することが、私の養分になっている」

「あの人がいてくれるだけで、私は素晴らしく幸せだ」

つまり、「与えられる」ばかりではなく「与える」という考え方に変えてみる、ということです。

「愛する」ということ自体を素晴らしいものだと思っていれば、もしも恋人と別れたとしても、淋しさのあとには必ずや、
「私は愛しきった」
「全力で彼を愛した日々があった」
という満足感や達成感を味わえるでしょう。

そして、

「幸せになってくれたらいいいな」

とも思えるようになるはずです。

その気持ちこそが、あなたの内側から湧き出す尊い「養分」です。

そうしてあなたの木はますます太く、美しく成長していくのです。

## あなたのご両親もまた、自分の木を持っています

あなたが木を持っているように、あなたの母親や父親もまた自分の木を持っています。

中には、その木を育てる養分が「自分の子供」になっている人も少なくありません。

その場合、

「私の言うことをよく聞いて、勉強もできるとてもよい子」

という自分なりの理想を描き、子供がそれにそぐわないようなことをすると頭ごなしに叱り、無理にでも自分に服従させようとしてしまいます。

それはつまり「母親にとってのよい子」「父親にとってのよい子」に過ぎず、両親の木は豊かになるものの、子供の木は次第にやせ細っていきます。

そうやって育った子供が、やせ細った木のまま結婚して自分の子供を持った時に、同じことをしてしまう――DVなどの深刻な問題は、こんなふうに連鎖していくようです。

親子関係で悩んでいる人の大半は、

「私は毒親に育てられたから」

「私の親はダメだった」

「私は小さい頃、親に愛されなかった」

という考え方がことあるごとに頭をもたげてくるようで、自分の木もずっとやせ細ったままになっていることが多く、そのため人間関係のトラブルにも見舞われがちです。


しかし、**そのすべてがご両親の育て方のせいではありません。**

なぜなら前述したように、木を育てる養分は外側からもらうものばかりではないからです。

その点に気づくことができれば、あなたのご両親がどんな人であろうとも、あなたの個性を認めてくれなくとも、関係ないと思えるようになるでしょう。

あなたが考え方を変えて、自分の内側から養分を与えられるようになれば、どんなにやせ細っていても木は再び成長を始め、同じようなトラブルを繰り返すことからも脱却することができるのです。

これは前述したSNSの件にも同じことが言えます。

フォロワーの数や「いいね！」の数から養分をもらおうとしているために、顔も知らない相手の言葉に一喜一憂したり、虚飾の投稿をして自分を認めさせようとしてしまうのでしょう。

しかし、自分軸をしっかり持って木を太く大きく育てている人は、そもそもSNS自体を利用していないことが多いものです。

SNSは養分ではなく「単なるツール」であると考え方を変えることで、仮想の人間関係トラブルも解消に向かうはずです。

親子関係はもちろん、あらゆる人間関係において、考え方を少しだけ変えてみること。

自分の養分で自分の木を育てるようにシフトすること。

すると、すべてが「大したことはない」と思えるようになるのかもしれません。

## いい子でいることに疲れたら、それは成長のサインです

考え方を少しだけ変えて、自分の内側の養分で木が育ち始めると、今までの自分の言動が無駄だったのではないかと感じたり、人間関係にふと疲れを感じる瞬間が出てくるかもしれません。

これは、ステップアップの「よい兆候」だと言えます。

両親や同僚や友人が養分になっているサイクルの中で、おそらくあなたは「いい子」を演じることで木を育てていたのだと思います。

**そこに疲れを感じ始めたのならば、それは、「どうやらこのままでは、私の木は大きく育たないぞ」という気づきであり、次のステップにいく好機を迎えているのです。**

## この好機が訪れる時、実はひとつのサインのようなものがあります。

それは、大なり小なり同じことが繰り返し起こってくる、ということです。気にしている欠点を複数の人から指摘されたり、大した仕事もしていないのに数人から過大評価を受けたり……とにかく同じようなことが続くわけです。

それは、あなたの内側からあなたへ送られている啓示であり、メッセージ。

そう捉えることができれば、必ずや次のステップに進めるでしょう。

悩みの渦中にいる時はこうした視点をなかなか持つことができないものです。

しかし比較的通常運転で毎日を過ごしていても、小さいけれど少し不愉快になるような出来事が続くことってありますよね。

そこで、

「あ、これはメッセージかもしれない」

と気づくことができれば、理想的だと思います。
けれど今、あなたはこの本を手に取っています。
それはもしかしたら、既に何かに気づき始めているというサインなのかもしれません。

## 何かに気づいても、すぐに動くことはありません

「気づく」

というのは、とても大事なことです。

今まで見えていなかったことに気づく。

物事の真相に気づく。

自分の気持ちに気づく。

そして私たちは往々にして、気づきが生まれた途端に、

「何かしなくてはならない」

と思って動こうとします。


**しかし、すぐに動く必要はありません。**

**なぜなら、実は気づいた時点で問題の8割が解決しているからです。**

気づいたことで流れは必ず変わっていきます。あとはその流れに身を委ねていればよいのです。

気づきはあったけれど状況は変わらないのは、あなたの気持ちが外側にばかり向いているからです。職場を変えようか、あの人にこう言ってみようか――こんなふうに考えている時、あなたの気持ちのベクトルは外側に向いています。

**状況を変えたいのであれば、ベクトルを内側に向けてみてください。**

自分はいまどんな気持ちになっているのか。そんな気持ちになったのは、誰の目を気にしているからなのか。その誰かさんは、三つの箱のどこに入っている人なのか。自分はどれくらい自分のことを信じているのか。

難しければ、外側（外界）と自分を一旦遮断してみるのもよいかもしれません。内側にバリアを張り巡らせるような感じでもよいでしょう。

慌てず、動かず、内側に引きこもるのも、時には必要なのです。

## あなたの中に「天使」と「悪魔」がいるのは当然のことです

自分という木をしっかりと育てていくことで「自分軸」が生まれること。

木を育てるためには外側ばかりでなく、自分の内側からの養分が必要であること。

すると、仏教で言うところの「中道」＝人生という道の真ん中を、ぶれずに歩いていけるようになるということ。

そんなお話をお伝えしてきました。

しかしそうは言っても、

「今、私は道の真ん中を歩いている」

という確証はなかなか持てないものです。

**どこが道の真ん中なのか――それを知るためには、道の両端も知っておかなければなりません。**

そして誰にでも必ず、

「道の両端を知ることで真ん中がわかる」

という出来事が、起きてきます。


たとえば、人間の「好き」「嫌い」もそのひとつです。

私は看護師として、患者さんの介護や看護をしていますが、

「この人のためなら何でもさせてもらいたい、力になりたい」

と思う時もあれば、自分の体調が悪い時などは、

「あ～面倒くさい。そんな小さなことをいちいち相談しないでよ」

と思ってしまうこともあります。

しかし看護師仲間の中には、

「そんなふうに思ってしまう自分がイヤ」

「私は看護師失格です」

と思ってしまう、とてもよい人がいます。

また、そうした本音を吐くと世間からは、

「看護師たるものが何だ！」

「そんな鬼のような気持ちを持っている人に身内は預けられない！」

などとキツいお叱りを受けてしまいます。


みなさんにもご経験があると思いますが、その日の気分や体調によって、相手に対する言動が変わってしまうのはよくあることです。

しかし、こうしたさまざまな気持ちが自分の中にあると自覚することが、実は「両極を知る」ことに繋がっていくのです。

楽しい、うれしい気持ちは、右端かな。

悲しい、淋しい、腹が立つ気持ちは、左端かな。

悪魔のような気持ちもある。でも、天使のような気持ちも持っている。

そうした両極がわかるからこそ、真ん中に行けるわけです。

大事なのは、

「悪魔のような気持ちを持っている私は、ダメな人間だ」

と思ってしまわないこと。

**「天使も私。悪魔も私」**

**としっかり「認める」こと。**


365日「いい人」であり続けられる人など、この世にはいません。

それどころか、誰もが天使と悪魔という両極端な気持ちを持っているのです。

**さまざまな問題や出来事は、あなたの中の「両極」＝「天使と悪魔」を認めるための課題のようなもの。**

自分の中の天使と悪魔の両方を認めてあげましょう。

すると、ぶれることのない「中道」が見えてきます。

自分が「よい人間」であり、「天使」であると認めるのは、わりと簡単です。しかし「悪魔」の部分というのは、なかなか認められないものですよね。だからこそ落ち込んだり、時にはねじ曲がってしまったりするわけですが、そうしていつまでも認めないままでいると、認めざるを得ないような出来事が次々と、しかも繰り返し起きてくるようになります。

ところが自分の中の天使と悪魔の存在をしっかりと認めると、今度は、

「他人の中にも天使と悪魔がいるのだ」

ということが見えてくるようになるのです。

たとえば、日頃から欠点ばかりが目について大嫌いな人にも絶対に長所があるのですが、それは「私の中に天使と悪魔がいる」ということが腹に落ちてい

れば、認めることができるわけです。

根拠も理由もなく、ただ、

「他人にはよいところも悪いところもあるので、まずは認めてあげましょう」

と言われても、到底理解などできません。

しかし自分の中の両極を認めて腹に落ちていれば、そうした言葉もすんなりと入ってくるようになるでしょう。

これを仏教語で、

「如実知自心《にょじっちじしん》」

と言います。

**自分をつまびらかに知る。**

**それが仏の道の第一歩です。**

「あなたはいつもいい人だけれど、こんなイヤなところもあるのよね」

もし、誰かにそんな言葉を投げかけられたとしたら、あなたはとても幸運です。

なぜならそれは、自分では気づいていない悪魔の部分に気づかせてくれるありがたい言葉だからです。

人間関係は、如実知自心から始まるのです。

# 第2章　心の不安をスーッと鎮める——「自灯明」

## その不安は、あなた自身が作り出しているのかもしれません

先行きが見えない。
ゴールが見えない。
どうなるかわからない。
理由や原因がわからない。

これが「不安」というものの正体です。
どうやら私たち人間は、明確な理由や答えがわからないまま未来へ進んでいくということがとても苦手らしく、そうした時に「不安」という感情がむくむくと頭をもたげてきてしまうようです。

たとえば、いま付き合っている恋人が結婚について煮え切らない言動ばかり取っていたとします。

「給料が少なくてまだ養える自信がない」

など、そこに明確な理由があれば納得できるのでしょうが、何だかわからない状況が続いていくと、

「私のことをもう好きではないのだろうか」

「他に好きな人ができたのだろうか」

と、新たな不安の種がどんどん芽吹いて止まらなくなってしまう——。

また明確な理由がわかっていても、

「本当は違うのではないか」

と疑うことで、そこにも別の不安が生まれてしまう——。

いまあなたが抱えている不安は、もしかしたらあなた自身が作り出してしま

っているのかもしれません。

事実はひとつ。しかしその見方によって解釈がいくつも生まれ、糸がもつれていきます。

その糸をほどいてみると、それは相手ではなくあなたに繋がっているということは意外と多いのです。

## 不安という状況に浸かっていませんか？

ある時、ご主人を亡くして悲しんでいるという女性と出会いました。

「辛くて辛くて仕方がない」

「先行きが不安でどうしたらよいかわからない」

「もう生きている意味がない」

と泣いていらっしゃるので、ご主人は直近で亡くなられたのだろうと思っていたのですが、聞けばもう三年前とのこと。

周囲の人は彼女を励まし、気分転換に旅行でもしたら？　などとアドバイスをしているのですが、本人が受け入れようとせず、今日に至っているわけです。

もちろん、悲しみを素直に感じることは人生深みを味わうためには必要なこ

となのですが、彼女の場合は、

「主人を亡くしていつも泣いている、辛くてかわいそうな私」

というシチュエーションに自分で自分を縛りつけてしまっているようにも感じます。

同情を集めたいのか理由はわかりませんが、少なくとも彼女自身が「辛くて悲しくて不安」な状況を作り出している、と言えるのです。

「私って、本当に運がないの」

と自分で公言している人も、

「あの人って、不幸に見舞われやすいわよね」

と噂されてしまう人も、そして、

「不安で不安で仕方がない」

といつも口にしている人も、この彼女と同じです。


**イヤだ、抜け出したいと言いながらも、その状況に自らすすんでどっぷり浸**

**かってしまっているのです。**

不幸は不幸を呼び、不運は不運を呼び、そして不安は不安を呼び込むもの。

どこかでスパッと断ち切らなければいけませんよ。

## 「かもしれない」と思うだけで心が軽くなることもあります

看護師という職業上、患者さんから治療について質問を受けることがよくあります。いま抱えている病気の先行きに不安を感じ、迷っているのです。

最も多い相談は、

「Aという治療法をしたらどうなりますか。Bという治療法はどうですか」

という内容。その次に決まってこんな質問を投げかけられます。

「私の病気は治るんですか、治らないんですか」

私はその答えを知っていることもあれば、知らないこともあります。

しかし、医学的には「治らない」という答えが出ていたとしても、奇跡が起きることもあります。

ですから「絶対」ということはないのです。

**物事の未来というのは、**

**「そうかもしれない」**

**「そうではないかもしれない」**

**このふたつに集約されていると私は思っています。**

たとえば、

「私は絶対にスターになる！」

と宣言して頑張っているうちはよいけれど、なれないとわかった時にはポッキリ心が折れて未来への希望を失ってしまいがちです。

なれるか、なれないか。治るか、治らないか。そうなるか、そうならないか。

**先行きの見えない不安がある時は、どちらに転んでもいいように、**

**「～かもしれない」**

**と考えて、いまという時を過ごす。それくらいの緩さが必要なのです。**

可能性は50／50。そう思うと、きっと心が少し軽くなります。

## 理由を自分で作ってしまうのも「あり」です

ひとつの不安から次の不安が生まれ、その不安から、また次の不安が生まれ……。

するとその不安たちが、今度はイヤな出来事ばかりを引き寄せ始めるという、いわゆる「ネガティブスパイラル」にハマってしまうことがあります。

「こんなにイヤなことばかりが起こるのはなぜ？　私がダメ人間だから？」

最後はそんなふうに、自分を追い詰めてしまうこともあるでしょう。

そんな時は、「そもそもの原因や理由」を自分で作ってしまってもよいと私は思うのです。

かつて、ガンに冒された患者さんがこんなことを言っていました。

「私がガンになった原因は、お姑さんに冷たく当たって施設に入れてしまい、そのまま死なせてしまったから。お姑さんの恨みでバチが当たったんです」

周囲から見れば「そんなバカな」という話ですが、本人はそう確信することで落ち着きを取り戻して「そんなことには負けない私」というストーリーを作り上げ、頑張っていました。

「なぜ?」と理由を探るのは、ベクトルが外側に向いている行為であるのに対し、自分の中で考えて答えを作るのは、ベクトルが内側に向いている行為です。

その答えが例え間違っていたとしても、心の安定を得られるのであれば、他人に迷惑をかけるものではない限り「あり」ですし「よし」だと思います。

**自分で納得のいく答え、しっくりくるストーリー立てをして、とりあえず不安の連鎖を断ち切ってしまいましょう。**

ただし間違えてはいけないことがあります。

それは、誰かのせいにしないこと。そして、自分を責めすぎないこと。

あなたが誰かに対してしてしまったこと、自分で自分にしてしまったことを材料に、内側にベクトルを向けて原因とストーリーを作ってみてください。

これが基本ルールです。

## すぐに白黒つける必要はありません。風を待ちましょう

年齢を重ねると、答えのわからない曖昧な状況を不安とは受け止めず、「成りゆきにまかせてみよう」と、少しずつ楽しめるようになってくるものです。

そんな余裕はない、曖昧な状況なんて耐えられない、いますぐ白黒はっきりさせたい……と思っているあなたは、まだまだ心が若いのかもしれません。

しかし、第1章でお話しした「自分軸」がしっかりしている人は、ちょっとやそっとのことでは動揺しないものです。

あなたがささいなことで動揺したり、不安に思ってしまうのであれば、自分の中の木を育てていく作業が必要だと言えるでしょう。

あるいは、あらゆる可能性をとことん考え尽くす、というのもよいかもしれ

ません。

するとやがて疲れ果て、考えることをあきらめられるかもしれません。

しかしいずれにせよ、いつか必ずその不安が「流れる」時はやって来ます。

これを「運気の流れ」と言います。

運気は、流れ出す時に何かしらのサインをもたらしてくれるものです。

私はそのサインを、日々の小さな出来事から感じ取っています。


**たとえば、ある人にメールをしようと思うと他の用事ができて送れなくなるということが数回続いたら「メールをしない運気の流れだ」と判断するのです。**

しかし逆に、

「もう！　なんでいつも邪魔が入るのかしら」

とイライラしながら無理やりメールを打った結果、文面もおかしくなってトラブルへと発展しまうこともありました。

出かけようと思ったら足止めされた、体調不良になったというのも実は「行かないほうがいいよ」という運気からのメッセージだと私は受け止めています。

また、こんなこともありました。

あちこちに仕事の提案をメールしたものの、なぜかどこからも一切返信が来ないのです。

あまりにシーンとしているので少し不安になりましたが、そのままにしていたところ、数日後から立て続けに色よい返信がありました。

これもまた「運気の流れ」のひとつです。

その流れを待てず、不安に煽られて「どうなりましたか！」とゴリ押ししていたら、すべてが水の泡になっていたかもしれません。

そう、**待てずに動くと大体ロクなことが起こらないものです。**

こうした運気からのサイン、メッセージというのは必ず来ているのですが、アンテナを立てていないために受信できない人が多いような気がします。
しかしそれもある意味、仕方のないことなのかもしれません。
なぜなら人間は、他人には敏感でも、自分のことには鈍感だからです。

仏教では、その真逆の生活が理想とされています。
つまり、**自分の中に目を向けて内側を見ること。これを「内観」と言います。**
そうすることで自分の木を太く育て、ぶれない自分軸を作っていくのです。
これからは、自分に敏感になってください。
そうすれば、運気の流れに気づくことができるでしょう。
撒き餌をして、糸をのんびり垂らし、魚が釣れるのを待つように、不安から
あえて離れて泳がせてみてください。
いま、あなたの心の海には風が吹き込まず、すべてが淀んでいるかもしれま
せんが、それでもいつか必ず風は吹いてきます。
その風が、運気の流れなのです。

**ですからどうか、焦らずに。**

**いますぐ、白黒つける必要はありません。**

**わからないことは、わからないままにしていても大丈夫。**

そのためにも、

「風を待つ」

ということを知っておいてください。

## 風を待つための「葉っぱの瞑想」

そうは言っても、年齢が若いほど、そして自分の木が細いほど「風を待つ」ことは困難に感じるかもしれません。

例え待とうと決心しても、あれやこれやとよからぬ妄想が心の中に湧いてきて、落ち着かなくなってしまうのもよくわかります。

仕事がうまくいくかどうか不安、病気が治るかどうか不安、恋人の浮気が不安、友人に悪口を言われていないか不安……もう考えるのはやめようと思ってもやめられないというのは、もはや「思考の暴走」。

そんな時におすすめしたいのが「葉っぱの瞑想」です。

まずはゆっくりと呼吸をしましょう。

瞑想を行う際に最も重要なのは、呼吸です。

吸うよりも、吐くほうを重視してください。

鼻から深くゆっくりと息を吸い、その3倍ほどの時間をかけて口から息を長く細く吐いていきます。

この呼吸法を5~10回ほど行うと、心のざわざわが沈殿していきます。

そうして落ち着いたところで、今度は自分の内側にベクトルを向けてみてください。

すると、不安が次々と出てくるでしょう。

その不安を一つひとつ、葉っぱに乗せて流していくのです。


イメージとしては、こんな感じです。

**①目の前にきれいな小川が流れている**
**②そのせせらぎに乗って葉っぱが流れてくる**
**③流れてきた葉っぱに、いま感じている不安をひとつポンと乗せて流す**

目は、閉じても閉じなくてもかまいません。

葉っぱは青くても、枯れ葉でもかまいません。

葉っぱが流れてきたら不安に思っていることをひとつポンと乗せ、また一枚流れてきたら次の不安をひとつポンと乗せ……というように、次々流れてくる葉っぱにどんどん不安を乗せて流してしまいましょう。


繰り返しているうちに、思考の暴走は一度止まります。

それでも止め切れるものではないので、またすぐにモヤモヤと不安が出てくるでしょう。

そうしたらまた、葉っぱに乗せて流せばよいのです。

**続けていると、自分の「思いグセ」にも気づくことができます。**

今と昔では付き合う相手が変わっているのに「浮気しているのではないか」という不安が出てくる。どの職場に行っても陰口を言われている気がする――。

本人にとって、それはとても辛いことなので「何とかしたい」と思っているのだけれど、傍から見ればいつも好き好んで同じ状況を楽しんでいるように見えてしまいます。

そういう場合は、誰に相談しても「でも」という言葉で同じ場所に戻ってしまっているわけです。


そうした思考のクセは、別な言い方をすれば「バリケード」でもあります。つまり、そこが安全な場所であると思い込んでいる、ということです。

悩んでいること、不安を感じていることに翻弄されている自分が「安全」であると、自分で自分に刷り込んでしまっているのです。

思考のクセを打破することは難しいように思うかもしれませんが、気づいた時点で8割は解決しています。

それは、他人に指摘されても気づいたことにはなりません。

「あれ？　私、またやっている」

と、自分で気づくことに意味があるのです。

**風を待つために、思考のクセに気づくために、ぜひ葉っぱの瞑想を繰り返してみてください。**

そのうちに、流れは必ず変わります。

## 不安の暴走を止める「マイルール」を作っておくと便利です

葉っぱの瞑想とともに実践していただきたいのが、

**「行動のマイルールを作る」**

という方法です。

葉っぱの瞑想は、いわばイメージング。ある程度、静かで落ち着いた環境も必要ですし、うまくできない場合もあるかもしれません。

そこで、不安という思考が暴走を始めたら「何か行動を起こす」というルールを、通常運転時に考えて決めておくのです。

たとえば、

「煮詰まったら、お茶を飲む」
「考え過ぎたら、シャワーを浴びる」
「イライラしたら、ミントキャンディを食べる」

こんな感じです。

思考の暴走を止めるためには、
「いま私は、悪いことばかり考えている」
ということに気づくことが第一歩です。

しかし気づいても、なかなか止められません。

だからこそ、体を動かして何かをするというルールを作っておくわけです。

すると、そのルールに従って行動するだけで、気分は変わってきます。

それでもまた、悪い考えは浮かんでくるでしょう。

そうしたら再び、ルールに従って行動して止める。それだけです。

行動したり、瞑想したりしている時には、不安や妄想は一瞬止まっています。

それでよいのです。繰り返し練習し、「習慣」にしてしまいましょう。

# その不安の種は、もっと過去にあるかもしれません

たとえばいま、目の前に不安があります。

すると私たちは、その場で解決をしようと試みます。

いまの状況を考えて、相手のことを考えて、最近の自分の言動を考えて、そこから答えを導き出そうとする——。

そんなふうに解決策を模索している人を見ていると、職業柄でしょうか、「依存症の患者さんと似ているな」と感じてしまいます。

どういうことかと言うと、たとえばアルコールに依存している人は、

「いますぐ酒が飲みたい。でもその衝動をどうやったら止められるのだろう」

と悩んだ後に、

「薬を飲めばよい」

「酒瓶をすべて割って処分すればよい」

といった、いわゆる対症療法に走りがちです。

しかし、物事の解決方法というのは絶対に「いまここ」にはないものなのです。

ではどこにあるのかと言うと、もっともっと前の段階、つまりその物事が始まった過去にあるわけです。

アルコール依存症になる人の大半は、お酒を飲み始めた年齢がかなり早いという特徴があります。

ということは、その年齢から飲み始めた時に「何があったのか」ということを考えなければなりません。

たとえば田舎育ちで、幼い頃から「飲め飲め」と言われて12歳で飲んだとします。

そこで、父親や親戚のおじさんはなぜその人にお酒を飲ませようとしたのだろうと考えると、代々「大酒飲みだったから」というルーツが出てきたりするのです。

中高生の頃に「ツッパリ」でお酒に手を出したのが始まりだという人の場合は、なぜ不良になってお酒を飲んだのかというところを考えてみたら、「親への反抗」だったということに行きつきました。

アルコールは、その時に欠乏しているものを埋めようとする手段として用いられることが多いのですが、するとその欠乏しているものが何かを探って解決しない限り、依存という症状が治まることはありません。

それと同じように、たとえばいまお付き合いをしている恋人とうまくいかないのであれば、その恋人とギクシャクし始めた頃、または付き合い始めた頃まで遡って考えてみると、そこで不安の種や解決策の種が見つかったりするのです。

いま、不安を感じている。

だからいま、何とかしなければならない。

そう思った後、大抵の人は、

「いまの不安を解決するために、これからこうしよう、ああしよう」

と、未来の時間軸へ移行してしまいがちです。

しかし**いくら未来のことを考えても、最初のことを考えなければその不安は解決できないのです。**

不安な時、困った時は、その問題の最初に遡ることを心がけてみましょう。

# 誰かに依存すればするほど、あなたの不安は大きくなります

先ほど依存症の患者さんのお話をしましたが、それは誰かさんの関係ない話ではありません。

そもそも依存症のベースはすべて同じで「何に依存するか」で病名が異なっているだけです。

誰かに頼りすぎる、ひとりの人間に固執し過ぎるということは、親子関係、友人関係、職場の人間関係、そして恋人との間にもありがちなことで、それは「依存」以外のなにものでもありません。

そういう意味では、私たち全員が依存症になる芽を持っていると言えます。

恋人ができると生活のすべてがその人を中心に回り始め、友人や同僚とほと

んど付き合わなくなる人がいます。

では、その恋人と別れたら、その人はどうなるのでしょう。

親友ができると、その人としか行動を共にしなくなる人がいます。

では、その親友が海外に移住してしまったら、その人はどうなるのでしょう。

就職しても実家に住み、ご両親から世話を焼いてもらっている人がいます。

では、そのご両親が亡くなったら、その人はどうなるのでしょう。

**問題は、頼ったり固執したりするものが「ひとつしかない」ということです。**

その「ひとつしかない」ものがなくなったらどうしようと思えば思うほど、あなたの不安は増大していくのです。

依存症の患者さんもまったく同じで、落ち込んだ時も、うれしい時も、悲しい時も、お酒やギャンブルという「一択」に走り続け、やがてそれがなければ生きていけなくなって、心を病んでしまいます。

誰かに依存し過ぎないこと。

これもまた、不安をなくすための大事なルールです。

## 元気になれる「ツール」を30個、用意しておきましょう

では、依存という名の不安をなくすためにはどうすればよいのでしょう。

答えは簡単です。

「ひとつしかない」ものを「たくさんある」に変えればよいのです。

あなたの手元に道具箱があるとします。

いまその中には、「恋人」ひとつだけ、「親友」ひとつだけしか入っていません。

その状態だと、相手にとってあなたは重い存在になってしまいます。

また「仕事」だけしか入っていなければ、ワーカーホリックの状態です。

しかし、その道具箱の中に選択肢をたくさん入れておけば、依存症にはならないわけです。

そのためには、選択肢が30個は必要でしょう。

温泉、ご馳走、お酒、旅行、映画、読書、もちろん大好きな親友、恋人など「人」が入っていてもかまいません。

とにかく「これを選べば元気になれる！」というツールを入れておくのです。

不安になったり、落ち込んでしまったら、その時の状況やお財布の具合などを考えて、ツールを選んでいきましょう。


温泉に行きたくても経済的にも仕事的にも余裕がない場合もあるし、落ち込んでいる原因が骨折だったら身動きが取れないという場合もあります。その時に数が少ないとこれはできない、あれはできないと減ってしまいます。

**ですから、温泉の代わりに入浴剤、旅行の代わりに散歩など、どんな状態でも何かしらに手が出せるように広い範囲で30個くらい「私が元気になれること」を道具箱に用意しておくのです。**

これは、どんな時にも活用できる素晴らしい方法です。

ポイントは、ツールの内容をより具体的なものにすること。

たとえば「パンを食べる」ではなくて、

「○○パン屋のフランスパンを食べる」

というツールにしておけば、そのパンを買いに行くだけでも気分転換を図ることができます。

「人に会う」ではなくて、

「○○先輩に会う」

というツールにしておけば、もしもその人が遠方に住んでいるならば、ちょっとした小旅行気分も同時に味わうことができます。

不安に駆られたり、落ち込んでいる時というのは、どう動いたらよいのかわからなくなるものです。
そこを打破し、自分を動かすためにも、道具箱の中のツールには具体的なガイドラインをつけておいたほうがよいでしょう。

## 辛抱も我慢も、しなくてよい時だってあります

「休めない」という人は、意外に多いものです。

会社を休んだら、周囲に迷惑をかけてしまう。

学校に行かなかったら、勉強で遅れをとってしまう。

飲み会や食事会に参加しなかったら、陰口を言われてしまう。

そんなふうに考えては無理をして、辛抱や我慢を重ねたあげく、体や心を壊してしまってはいませんか？

あなたの周囲に、

「休みなさい」

「今日はもういいから帰りなさい」

「飲みに行ったら？」

などと声をかけてくれたり、誘ってくれたりする人がいるならば、時にはその言葉に従ってみるのもよいと私は思うのです。

多くの人は、おそらくこんなふうに考えているはずです。

「この辛い状況が終わったら、こんなことをしよう、あんなことをしよう」

つまり、山場を越えた後のプランはあるわけです。

そのプランを前倒しにして休めばよいだけのことなのですが、それができないから現状が辛くなってしまうのではありませんか？

しかし、よく考えてみてください。少し休んだからと言って、すべてが台無しになるわけではありません。

たとえば仕事の〆切が間に合わなかったとしても、ノルマが達成できなかったとしても、多少の迷惑はかけてしまうかもしれませんが、それであなたの人生が終わってしまうわけではありません。

つまり「最悪ではない」ということです。

この先も、あなたの人生は確実に続いていきます。

その中で、挽回できる機会がやってくるかもしれません。

とにもかくにも取返しがつかないことにはならないわけですから、辛い、苦しいと感じたら、その欲求に素直に従ったほうがよいと思います。

たとえば、

「温泉にでも行って少しゆっくり休みたいな」

という欲求が出てきたとします。そこで、

「でも上司や部下が困るだろうな……やっぱりやめよう」

と考えるのではなく、

「温泉に行こう。次の日から2倍頑張れば何とかなる！」

というふうに、自分を納得させる方向へ持っていけばよいのです。

要は、心の赴くままに。

**本当に切迫してくると、心の底から必要な欲求が湧き起こってきます。**

## 我慢せずに、従ってください。

ただ、辛抱や我慢を重ね過ぎてしまうと、そうした欲求が出てこなくなることもあります。それはいわば、心にフタを被せすぎてしまっている状態です。

そのフタの原料は、「勝ち負け」「損得」「プライド」そして「自信のなさ」でできています。

「できない人」と思われたくない。「責任感がない」と思われたくない。

その裏には損得勘定が隠されているのです。

そしておそらく社会というものは、そうした材料で構成されています。

しかし「社会の中で生きていくために自分の立場を作る」というやり方と、「自分自身がこの人生を生きるための方法」は、微妙に違うように思うのです。

もちろん、社会の一員として通用しないことはたくさんあります。

「海が見たくなったから会社を休みます」

なんて、簡単に言えるわけもありません。

つまり「ギアチェンジ」が大事だということです。

## 「社会人モード」と「自由人モード」を使い分けましょう

社会人としての自分だけを考えると、魂は必ず疲弊します。

かと言って魂の養生を優先させれば、アウトローになってしまいます。

**理想的なのは、通常はニュートラルでいて、必要によってギアをチェンジするという生き方です。**

そのギアとは、

**「社会人（役割）モード」**

**「自由人（魂）モード」**

の二種類。

心の中でそのように思っているだけでも、フタが軽くなっていくはずです。

ちなみに、「母親」「父親」「夫」「妻」「嫁」などの役割も「社会人モード」

の中に入ります。

この二つのギアをうまく切り替えられないがために、辛くなったり苦しくなったり、不安になったりしてしまうのです。

**上手に切り替えていくためには、まず自分の中にはギアがあって、それは2つのモードで構成されている、ということをきちんと認識することが必要です。**

認識しているだけでも、かなり楽になります。

そして少しずつ、切り替えが上手になっていくでしょう。

ずっと社会人モードで走り続けてきたAさんという男性がいました。

ある時、上司が急死したのですが、それでも会社は何ごともなく回っている様子を見て、いままでやったことのない「書を習う」という自由人モードを設けたそうです。

たとえば忙殺されている時にふと、

「ああ、海が見たい……」

と思ったとします。そこで、

「ダメダメ、そんなこと考えたら」

と思うのではなく、

「ああ私はいま、自由人モードなのだな」

と思えば、罪悪感がなくなるだけでなく、

「たまには自由人モードを優先させてみよう」

と、本当に海に行けるようになるかもしれません。

ただ、中には「いつも自由人モード」という人もいますよね。その自由さに周囲が振り回されてしまうこともあるのですが、そんな時も、

「ああ、この人は自由人モードなんだなぁ……」

と思えば、あきらめがつくかもしれないし、逆にうらやましく思って意気投合できたりするかもしれません。自由人モードの人に、社会人モードを押しつけてもうまくいきませんからね。

選択権は常に、あなたにあります。辛抱するも逃げるも、あなた次第です。

# 道標の光は、あなたの心の中にあります

仏教では、わからないことはわからないままにしておきます。

時がくればわかると、お釈迦様に委ねてしまうのです。

しかし人は常に答えを求め、一刻も早く不安や悩みを解決したいと思いがちであり、ゆえに間違った方向へ手を出してしまうこともしばしばです。

川のせせらぎに乗って葉っぱが流れてきて淀みにはまり、同じ場所でくるくる回り始めると、それが居ても立ってもいられずに手を伸ばしてしまうけれど、本当はしばらくそこでくるくるしていればよいのです。時期がくれば必ずスーッと流れに戻っていくのですから。

けれどみなさん、そこでの踏ん張りが足りないわけです。

お釈迦様が亡くなる時、信者たちはみんな不安になりました。

なぜなら、それまではお釈迦様を信じ、教えの通りに生きていればよかったのだけれど、亡くなってしまったら何を頼りにこの先の人生を生きていけばよいのかわからなくなったからです。

その時にお釈迦様がおっしゃったのが、

**「自灯明《じとうみょう》」**

という言葉でした。

**「これまでは私を信じてくださっていたかもしれませんが、これからは自分の心の中にある灯りを見ていきなさい」**

という意味です。

先行きが見えなくて不安な時、外界は暗闇に閉ざされているかもしれません。

しかし、あなたの心の中に一点の灯さえあれば、ゆっくりと、少しずつでも、歩を進めていくことができるでしょう。

その灯だけが、あなたを迷宮から救い出してくれるのです。

# 第3章　悲しみも苦しみもやがては過ぎ去る――「諸行無常」

## 思いどおりになっていない時、悲しみや苦しみが生まれます

私たちは誰もが、「夢」や「希望」を持って生きています。

それがささやかなものでも、あるいはとてつもなく大きな野望でも、

「いつか叶えたい」

「何歳までにはこんなふうになっていたい」

という小さな光のようなものを、心の中に秘めています。

また、綿密な人生の計画を立てていなくとも、

「いつか結婚して子供ができるのだろうな」

「歳を取って定年退職をしたら旅に出てみたい」

「海外移住もいいし、田舎暮らしもいいな」

など、漠然とした未来を思い描いている人もいらっしゃると思います。

ところがある日突然、予想もしなかったアクシデントに見舞われ、そんな夢や希望が打ち砕かれてしまったら――。

「こんなはずではなかった」

と途方に暮れ、悲しみや苦しみに支配されてしまうでしょう。


**つまり私たちが感じる悲しみや苦しみの原因は、**

**「自分の思いどおりになっていない」**

**ということに尽きるのではないかと私は感じています。**


特に「死」はその最たるもので、死にたいと思っていない時に、あるいはまったく死というものを意識していない時に訪れることが多いものです。

しかし、人生は総じて思いどおりにはいかないもので、だからこそ何かがうまくいった時の喜びが尊いものとなるのです。

そして死は、必ず誰にでもやってきます。
死なない人間などひとりもいません。
深刻な状況になる前に、その事実をしっかり踏まえ、楽しく生きてほしいと
私は思うのです。

# 深刻な病にかかっても、すべてが終わりではありません

いつものように気軽に受けた会社の健康診断。

思わぬ異常が見つかって検査をした結果、

「あなたはガンです」

と告知されてしまった――。

これは決して他人事ではありません。


いまや三人にひとりがガンに罹る時代だと言われています。

しかし人とは不思議なもので、

「自分だけはガンにならない」

「若くして病気で死ぬことはない」

と、どこかで思っているようです。

ガンという病気には「死」のイメージがつきものです。

また他にも、根治が困難な病気や難病もたくさんあります。

看護師という立場から言わせていただくなら、不治の病だと宣告されても、「もしかしたらそうではないかもしれないし、やはりそうかもしれない」という可能性を探るために、まずは視野を広く持って情報収集をすることが重要です。

一冊の本だけ、誰かが言ったことだけ、ひとりのお医者さんだけ、といったものは偏った知識になってしまう場合もあるからです。

そうして幅広く集めた情報を持って、そのコマの中から自ら選択して決めたことであれば、自分自身も納得できるのではないかと思います。

ガンなどの不治の病を発症した患者さんの多くは、

「私の人生のすべてが終わってしまった」

と最初は悲嘆にくれ、何もかもをネガティブに捉えていく傾向にあります。

しかしそれも無理はありません。

普通に歳を重ねて生きていくと思っていたはずが命の期限を切られ、仕事も恋も結婚も友情も置き去りにして入院や治療を余儀なくされるわけですから、視野はぐんと狭くなり、病気のことしか考えられなくなるのは当然でしょう。


ですからそれがあなた自身でも、またはあなたの大事な相手でも、最初の一か月くらいは、思いきり落ち込むか、ただ黙ってそばにいてあげるのがよいと思います。

私はこれまで、数多くのガン患者さんや難病に冒された人と接してきましたが、人間は本来、自分で自分をリカバリーできるようにできているものなのだなぁとつくづく感じることがあります。

告知から四週間を超えてくると、少しずつポジティブな傾向が表れ始め、半年も過ぎると今度はネガティブよりもポジティブな考え方が芽生えてくるのです。

とはいえ、そうした境地に至るまでにはかなりの紆余曲折があるものです。そこでショックが多少和らいできた頃に、私はガン患者さんによくこんなワークをおすすめしています。

まず、白い紙を2枚用意します。

1枚目には、

**「不治の病になって失ったもの、損をしたこと」**

を書き出します。

仕事を失った、お金がどんどん出ていく、体の自由が効かなくなったなど、とことんネガティブなことを書き連ねていくのです。

そして2枚目には、

**「不治の病になってよかったこと、得したこと」**

を書き出します。

一日一日の大切さがわかった、命の重さがわかった、保険金が入ってきたなど、ささやかなことでもかまわないのでポジティブなことを見つけて書いていきましょう。

この書き出しを行うと、病気にしかあてられていなかった焦点や視野が広がり、主観的な考え方が客観的に変わっていくようになります。

すると自然と心が落ち着きを取り戻し、少しずつですが現状を達観できるようになっていきます。

達観できるようになると、いままでは「当たり前」だと思っていたことがキラキラと輝き出したり、感謝の念が生まれてきたりといった、素晴らしい出来事も待っています。

そしてもうひとつ、

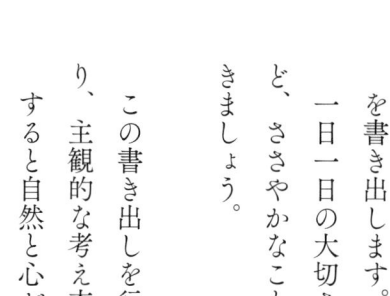

「うまくいっていないことと、うまくいっていること」を、繋げて書き出してみるという方法もあります。

「背中が痛い、でも呼吸はスムーズにできている」

「食欲が落ちた、でも今朝は快便だった」

と、こんな感じで書いてみるのです。

深刻な事態の時は、とかく「うまくいっていない」という方向に考え方が固定されてしまいがちです。

でも本当は、そうではありません。

うまくいっていることも、実はたくさんあるはずです。

たとえば、「衣食住」のカテゴリに分けて書き出してみるのもよいでしょう。

「入院しているけれど、三食きちんと食べられた」

「気分が優れないけれど、お風呂に入ることができた」

書き出せば、次々と思い浮かぶかもしれません。

**大事なのは、書き出した項目の「うまくいっている」事柄をきちんと見ていくことです。**

するとまた、心が少し楽になっていくでしょう。

その病気はもしかしたら治らないかもしれない。それでも、できることはまだたくさんあります。すべてが終わるわけではないのです。

特にガンは治療法の選択肢も数多くあり、余命宣告の年数が絶対とは言えない面もあります。

深刻な病は命の重さ、そして死というものにより現実感をもたらすものですが、それによって見えてくることは大事なことばかりなのです。

# いつか受け入れられる時がやってきます

私が以前関わっていた患者さんに、ある難病の女性がいらっしゃいました。その難病は、手足・喉・舌・呼吸に必要な筋肉がだんだんと衰えて力がなくなっていく病気で、未だに治療法は見つかっていません。しかもどれくらいの期間で症状がどうなるのかということもまったくわからない難病です。

私が最初に彼女に出会ったのは、いまから三年ほど前。病気がだんだん進行して、できないことが増えてきた頃でした。

いままでは歩いてトイレに行けていたけれどそれも難しくなってきた、立とうと思えば立てるけれど「立つのが怖い」「立てない」と思うようになってしまった、体の向きを変えただけでひどいめまいが襲ってくるなど、さまざまな症状に見舞われていたこともあり、彼女の口からはネガティブな言葉しか出てきませんでした。

ある日突然、

「もうイヤだ！　こんなことイヤだ！　なぜ生きていなければならないの？」

というメールが届いたこともあります。

しかし、だんだんと彼女は変わりました。体のほうは、ペンひとつ持てないほど悪くなっているのですが、気持ちは安定しているのです。

それはなぜかと考えてみたのですが、自分の体の変化に対応する力、としか考えられません。周囲からの言葉や、私が何かをしたかということではなく、自分の力でかつてのようなパニックを起こさなくしたのではないでしょうか。

ある日お会いした際、

「そういえば最近は、もう死にたいとか言わなくなったよね」

と聞くと、

「そうね。落ち着いたというよりも融通がきくようになったという感じかな。

それはそれでしょうがないかな……ってね」

とおっしゃっていました。

そしてもうひとつの大きな変化は、

「以前はできなくなったことを数えながら、これから先もどんどんできることが減っていくのに、まだ生き続けなければならない意味は何なのだろうと思っていたの。でも、まだこれができる、あれもできる……という考え方に変わってきたの。私はそのうちしゃべることもできなくなるけれど、いまはまだ会話ができるし、重い物は持てないけれど携帯電話のボタンも押せる。次の対策として目で入力できる方法を準備しているからまだ伝えられるし……とにかくできることを数えるようになったの」

というものでした。

**彼女の体に起きている出来事は何も変わっていないし、そのことだけを見れば日を追うごとに確実に悪くなっているのですが、それに対する彼女の見方が変わったのだと思います。**

そしていつも前向きな姿勢で、

「いまの私に何かできることはないかしら」

「時間がもったいないから何かできることないかな」

という言葉を口にしています。

そして考えたのが、ふたりの会話の内容を私が記録して、あとでまとめるということでした。

ですから決して、あきらめでも投げやりでもないのです。

自分に起こっていることを拒絶するのではなく「受容する」——そこから次のステージが始まるのだなと、彼女を見ていて学ばされました。

受容することで、たとえば自殺など命を捨てるという方向へシフトすることはなくなっていきます。それは病気に限らず、どんなことでも同じだと思います。

いまの自分を受け入れる。それはとても、前向きな生き方なのです。

# 時間は良薬。きっと助けてくれます

ではなぜ、難病の彼女が徐々に自分の病気や現状を受け入れるようになっていったのでしょうか。

医療面では、最初から医師と看護師が関わっていて、病態によって多少の対応は変わるものの、何か特別なことをしたわけではありません。

またご家族や友人知人たちも、おそらく最初からずっと励ましやいたわりの思いを伝え続けてきていると思います。

唯一変化しているもの、それは客観的に言うならば「時間」だけなのです。

その時間の中で彼女が繰り返し行ってきた作業というのは、悲しみや苦しみ、怒りや焦燥感などのあらゆる感情を私に「ぶつける」ことでした。

本音や弱音というものは、なかなか家族には打ち明けられないものです。なぜならそれを伝えた後の影響が、とてつもないということがわかるからです。だからこそ、どこかにはけ口が必要であり、彼女の場合はそれがたまたま私でした。職業柄、そういう話を聞くことに慣れているのでダメージも受けず、仮に受けたとしても自分でリカバリーできる人間ですよということが彼女にうまく伝わったことで、いろいろな思いをぶつけてくれたのだと思います。

次々と湧き起こってくるあらゆる感情を吐き出すことは、彼女にとって次のステップに行くためのひとつの段階だったのでしょう。

そう考えると病気に限らず、自分ひとりでは抱えきれないようなことが起きた時に、本音を言える相手がいればひとつの救いになるような気がします。

ある時、彼女が「背中が痛い」と訴えると、担当の看護師がすぐにマットを替えてくれました。

またある時には「せかせか歩いてみたいものだわ」とつぶやくと、すぐに彼女でも乗れる車椅子を調達してお散歩に連れて行ってくれたそうです。

傍から見ると、すぐに対応してくれる看護師は頼もしく、よい人に恵まれたと思いますが、彼女はそれがイヤだったと話してくれました。

「私はただ、痛いとか辛いということが言いたかっただけなの。何でもやってくれちゃうから、本音が言えなくなっちゃったわ」

社会では「言われたら動け」が普通ですが、特に病気などで悩んでいる人の場合は「ただ聞いてあげる」だけでよい時もあるわけです。

しかし「ただ聞いてくれるだけの人」に、そう都合よく巡り会うことは稀でしょうし、ならば日常生活の中でそうした事態を予測して聞いてくれる人を確保しておく、ということもなかなか難しいものです。


誰かに話すということは、聴覚を使って自分で話している言葉を自分の耳で聞き、現状を認識しながら軌道修正をする行為なのだと思います。

しかし話す相手がいなければ、視覚を使ってみるのもひとつの手段です。

つまり、**いま感じているモヤモヤをすべて書き出し、目で見て、認識して、自分の中にもう一度その現状を入れていきながら軌道修正していく――そうすれば、消化して、受容していけるかもしれません。**

けれども、いちばんの薬は「時間」です。

時間が必ずあなたを助けてくれます。

やがて「その時」がやってきます。

難病の彼女はまだ動けていた時期に、自分が元気で「これから先も使うかな」と思っていた洋服や道具を処分し、友人関係もすべて断ち切ってしまったそうです。

その時の彼女は「ここから先の人生は終わるだけ」という気持ちに支配され、不安定で、自暴自棄になっていたのです。

いまは、そのことを「超後悔」していると言います。

しかし「捨てる」ことも、必要な出来事だったのだと私は思っています。

そうしなければ、現在の境地に辿り着けなかったかもしれません。

ですから彼女のように、その時の衝動に突き動かされながら、あらゆることをやってみてもよいと思います。

けれど最終的には、時間というものがすべてを流してくれるのです。


絶対に同じことはありません。

すべてが確実に変わっていきます。

どんなに辛い時でも、その同じ辛さのまま一生……ということはありません。

そしていつか必ず、それは終わります。

仮に状況は変わらなくとも、彼女のように心のありようが変わっていきます。

人間は元々、そういう力を与えられているのだと思います。

ただ、その力を発揮するためには、時間が必要なのです。

その時間を待たずに、自ら命を捨ててしまわないで欲しいのです。

辛い時は思う存分縮こまって、嵐が過ぎ去るのを待ちましょう。
閉じこもっても、閉ざしてもかまいません。
時間に寄り添っていれば、必ず風は吹いてきます。
時間は動いています。ですから物事も必ず動くのです。

## 自分のケツは自分で持つものです

病院の選択、治療法の選択。

それによって完治の可能性や命の期限が変わってしまう。

そう考えると、なかなか決断ができないものです。

「どちらを選ぶか、決める勇気がない……」

患者さん本人や家族の方が、そうやって悩んでいる姿をよく目にします。

勇気がないということは、

「物理的条件は整っているけれど、心理的に選べない」

ということです。

**私のスタンスとすれば、何を選んでもよいし、時には選ばないという答えがあってもよいと思っています。**

大事なのは、その結果に対して、

「自分でケツを持てるかどうか」

ということだと思うのです。

**言い換えるならば「覚悟」。**

「主治医が勧めたから」

「この病気に詳しい人がよいと言ったから」

そんなふうに、**決断と選択は他人まかせにするべきではありません。**

意見を取り入れたり、影響を受けることはあって然るべきですが、最終的な決断の時にそうしたことに引っ張られると、後に必ず「苦」が生まれます。

ケツを持つということは、その決断や選択をした後に言い訳をしない、他人のせいにしないということです。

たくさん悩んでかまいません。時間がかかってもよいでしょう。

けれど一度決めた限りは、失敗も含めて自分で受け止めていきましょう。

## 「呼吸を合わせる」だけでも看取りになります

死は、誰にでも平等にやってきます。

あなたにも、私にも、そして身近にいる大事な人にも。

あの人は、もう寝ているだけになってしまった。

意識もなく、話もできない。

命が少しずつ尽きていくのを、ただ見ていることしかできない。

いわゆる「看取り」の時です。

そんな時に何ができるのか、どうすればよいのか。

「妙憂さんは看護師さんだから、看取りには慣れていますよね」

確かにその通りです。しかし私がこれまで経験してきたのは、あくまでも病院で迎える患者さんの看取りであり、患者さんの死。

身内の看取りとは、やはり異なるものです。

私は2011年に、夫をガンで亡くしています。

本人の希望で積極的な治療は行わず、在宅医療をしていましたから、日に日に枯れていく夫を目の当たりにしていました。

固形物を食べられなくなり、流動食も難しくなり、それでも大好きなお酒だけは欠かさず、徘徊を繰り返し、最後は寝てばかりいるようになりました。

そうして看取りの時期になった時、私がやっていたのは、

「ただ一緒にいること」

そして、

「呼吸を合わせる」

ことでした。

傍にいて夫を見ていると、いろいろな呼吸をしています。

スースーと音を立てている時もあれば、スーとひと呼吸した後にしばらく間

が空いて、ドキッとすることもありました。

それでもとにかく、自分の呼吸を夫の呼吸に合わせながら、同じ空間にいるのです。

私が呼吸をしたからといって夫がそれに合わせて呼吸をするわけはないし、彼の呼吸にひたすら私が合わせているだけなのですが、なんだか「共同作業」をしているような感じがありました。

「いま、ここに一緒にいるよね」

ということを感じられる。

一緒に生きていると感じられる。そんなことを本当に実感できる作業でした。

命が尽きる瞬間まで何かしてあげたい、何かせずにはいられないと、体をさすったり、好きなものを食べさせたりしたくなる気持ちはよくわかります。

それもひとつの素晴らしい看取りです。

ただ呼吸を合わせるだけ。これもまた立派な看取りであり、一瞬一瞬を「一緒に生きている」と感じられるでしょう。

# どうやら「死」は終わりではないようです

僧侶になったからと言って、死がまったく怖くないと言えばウソになります。けれど死んだらすべてが終わるのではなく、どうやらその先があるようです。死生観の問題もあるので「死んだら終わり」と思っている人に押しつけるつもりはありませんが、私自身は「続いている」と信じています。

生の世界の先には死の世界があり、生きている時と同じようにはできないけれど、また別の形でコミュニケーションができると考えていたほうが得だと思うのです。

たとえば、「死後の世界はない」と考えている人と「死後の世界はある」と考えている人がいるとします。

「死後の世界はない」と考えている人が、死んでみたら本当にそんな世界はなかったとしたら、プラスマイナスゼロの状態になります。
「死後の世界はある」と考えている人が、死んでみたら実際はなかった場合は、若干プラス。死後の世界はあると考えて楽しく生きてきて、そんな世界がなかったと気づいてもそれは死んだ後ですからダメージを受けることはありません。
「死後の世界はある」と考えていて、死んでみたら本当にあったという場合は幸せこの上ない気分になるでしょうから、プラス2というところでしょう。

いちばん辛いのは「死後の世界はない」と考えていて、死んでみたらあったという場合です。なぜなら「だったらもうちょっと楽に生きられたのに」とくやしい思いをするからです。

いかがでしょう?

**「死後の世界はない」と思って生きるよりも、「ある」と思っていたほうが楽**

## しいし、楽に生きられる気がしませんか？

実はそう思わせてくれるような、不思議な出来事がいくつかありました。

夫が亡くなって半年も経っていなかった頃だと思うのですが、誰も触っていないのに彼の本棚からパサッと、しかも唐突にファイルが落ちてきたのです。

「なぜこんなものが落ちるの？」

と拾ってみると、それは夫の保険の契約書類でした。

しかし生前、そんな話を本人から聞いたことはありません。すぐにその会社に電話してみると、自分の死後に保険金が入ってくるようにと夫が私に内緒で加入していたことがわかりました。

ちょうどその頃、夫の一周忌が終わったら古くなった家のリフォームをしようかと考えていたところで、その件については生前夫とも話していたのですが、先立つものが足りずにどうしようかと悩んでいたのです。

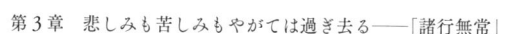

リフォームは、夫が残してくれた保険金で無事に済ませることができました。しかも、必要な額面までピッタリだったのです。

ある女性が、父親の三回忌が終わった夜、母親と思い出話に花を咲かせていました。テーブルの上には、生前父親が好きだった清涼飲料のペットボトルを置いていたそうです。

「お父さん、あの時面白かったね」

「よくみんなで旅行したよね」

などと話していると突然、そのペットボトルのフタがペコ、ペコ、ペコと3回、まるで相づちを打っているかのように持ち上がったと言います。

そうした不思議なお話は、本当にたくさんあるのです。ですから、

「死後の世界はあるのだな」

と思っておいたほうが、自分の死、親の死、身内の死、大事な人の死に直面

した時に、少しだけ楽になれると思います。

年月が経つと、死んだ人は粒となり、やがて宇宙と一体化すると仏教では考えられています。

だからこそだんだんと姿やサインが間遠になっていくのですが、しばらくは一緒にいられます。

私の場合もそうでした。

いままでとは違ったコミュニケーションの形になってしまいますが、亡くなった後もあの人は、死後の世界から私たちを見てくれているのです。

## 「悲しみの波」が来たら、いつでも乗ってください

大事な人がいなくなって、涙が枯れるまで泣き続け、「もう私は、悲しみを乗り越えた」と思っても、ふいに涙がこみ上げてくることがあります。

**私はこれを「悲しみの波」と呼んでいます。**

何のキッカケもなく、しかも急激に、普通に歩いていたら足もとに突然ポカッと落とし穴が開いたかのように、悲しみに襲われるのです。するとさまざまな思い出が一気に浮かんできて、もうどうしようもなくなってしまいます。

**悲しみの波が来るということは、まだ相手の死を乗り越えていないということです。**

だからといって我慢したり、耐えたりする必要はありません。悲しみの時空に入り込んでしまったら享受して、しばらくそこで泣けばよいのです。

そこは出られない時空ではありません。

「もういい加減、忘れなくちゃ……」

などと思う必要もありません。

むしろ、悲しみという海のどん底まで沈んで、溺れるくらいでちょうどよいと思います。

そうすれば、いつか足が底につくのを感じます。

その時に思いきり蹴り上げて、浮かんでくればよいだけです。

底につかないように立ち泳ぎをするから、もがいたり苦しんだりしてしまうのです。

私にも、まだ悲しみの波は急激にやってきます。

しかしそれは、きっと必要なことなのでしょう。
泣く度に、悲しみが浄化されていくのかもしれません。
涙はいつか枯れます。泣き続ければ、お腹だって空きます。
繰り返しているうちに、やがて悲しみの波が押し寄せる頻度が間遠になってきます。
それは、時間という良薬の賜物です。

# 人間は、徹底的に「ひとり」である生き物です

スピリチュアルペインという言葉をご存知でしょうか。
直訳すれば「霊的な痛み」となりますが、オカルトチックなことではなく、生きていれば誰もが感じたことのある、心の疑問のようなものです。

たとえば、
「私はなぜ生まれてきたのだろう」
「私はなぜ生きているのだろう」
という根本的な問題から、
「なぜ恋人にフラれてしまったのだろう」
「私は誰からも愛されていないのではないか」

というような問題もあります。

そして当然、死や病気に関するスピリチュアルペインもたくさんあります。

「なぜ私はこの病気になってしまったのか」

「もう生きていても仕方ないのではないか」

つまり、自分の存在意義を問われるような痛みです。


私のようにケアをする立場では、そうした痛みをなくすことは絶対にできません。なぜなら、答えはその人の中にしかないからです。

スピリチュアルな部分をケアするというのは、何かをしてあげようとか、答えを見つけてあげようということではないのです。

ですから、スピリチュアルペインで苦しんでいる人が身近にいても、

「他人にはどうすることもできない」

そしてもし、自分の中にその痛みがあったとしたら、

「他人に頼っても解決できない」

このことを、よくよく心に留めておいてください。

間違った関わり方をすると、マイナスの共依存を起こして「一緒に死のう」などと共倒れになる可能性があります。

私たちは人と関わって、人に頼って生きていく生き物ですが、別な観点からすれば本当は徹底的にひとりであり、孤独な生き物です。

あなたは常にひとり。あの人も常にひとり。

その上に家族があり、社会があり、人間関係がある。

だからこそ、ひとりで解決するしかない。

これが根本です。

自分で自分をケアするというのは、ある意味でとても孤独な作業だと言えます。

そのために本を読んだり、他人に相談したり……材料をたくさん集めて見聞を広めていくのはとてもよいことだと思います。

しかし最終的には、その中から自分でピースを選び、自分が組み立てていくしかありません。


あなたにとって最良のケアラーは、あなた自身なのです。

これは、前述したのと同じこと。つまり、

「自分の選んだことに自分でケツを持つ」

ということになります。

救いがあるのは、

**「間違っても、何回でもリセットできる」**

という点です。

**私などは、**

**「今生できなかったら、来世に持ち越しだな」**

**と思ったりします。**

いま辛いことというのは前世から持ち越してきた問題なのだと、長いスパンで考えると少し余裕が出てくるのではないでしょうか。

「なぜこんな人生に生まれてしまったのか」

「なぜこんなに悪いことばかり続くのか」

といったスピリチュアルペインが湧いてくると、その理由が知りたくてモヤモヤしてしまうでしょうが、そこで、

「前世から持ち越した課題です」

という話になると気が楽になりませんか？

**前世と来世を見て、現世を生きるというのも、ある意味で「中道を生きる」ということになるのだと私は観ています。**

そういう考え方も、持っていたほうが楽ですよね。

スピリチュアルケアというのは、何も人間だけができることではなく、犬や

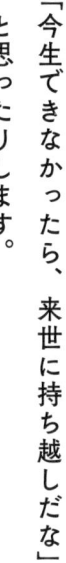

猫といったペットのほうがずっと上手だったりします。あるいは樹木、海、山、風、星などの自然たちも、痛みを和らげてくれる名人です。

つまり、答えをもらえるのは人だけではなく、自分自身だけでもないわけです。それでスピリチュアルな部分がケアされたと本人が思うかどうか。そこが大事なのです。

たとえば何の理由もなく、

「海が見たい」

「草原を歩きたい」

と、ふと思うことはありませんか？

その時、あなたの心は「自然」にスピリチュアルケアを求めているのかもしれません。

その心の声に素直に従ってみるのもよいでしょう。

人生にひどく疲れ、スピリチュアルペインにどっぷりからめとられている人によくありがちなのが、そうやって山に行ったり、海に行ったりはするものの、またはそうしたいのに我慢をしては、

「こんなことをしていてはダメですよね」

「自分を甘やかしすぎですよね」

などと言って、なぜかその思いを享受しないということです。

自分が欲していることを堂々とやること。認めてあげること。

時にはそれも必要です。

**スピリチュアルケアには、**

**「こういう時にはこういう方法があります」**

**というマニュアルはありません。**

また、コミュニケーションツールがあるわけでもありません。

けれど、時間がかかるものでもないのです。

何時間しゃべっても、痛みが取れないこともあります。

しかし、誰かと会って、ただ手に触れるだけで解決することもあります。
長年の親友と旅をしたからといって、痛みがなくなるわけではありません。
しかし、海辺で夕日を見た瞬間にケアされてしまうこともあります。
そして、前回と同じ方法が今回も通用するというわけでもありません。
つまり、定型がないのです。
そこにあるのは、タイミングや巡りあわせなのかもしれません。

## あらゆることは、やがて流れていくものです

仏教の大元にあるのは、

「同じところに留まるものは、何ひとつない」

という考え方です。

これを「諸行無常」と言います。

お釈迦様はこれを受けて、

「だからこうしたいとか、こうあるべきだということを思うな」

と説いており、修行を重ねて「無」になりなさいとおっしゃっていますが、
それは無理な話です。

頭ではわかっていても、現実はそううまくいきません。

ですから私は、たとえば余命6か月と宣告を受けてしまった人などとお話し

する際、それはあくまでもデータであり、それが丸々自分に当てはまるとは限らないので、前にもお話ししたように、

「～かもしれない、と考えましょう」

とアドバイスしています。

**「うまくいくかもしれないけれど、うまくいかないかもしれない」と考えることで、ひとつの未来のルートが見えてくるからです。**

「かもしれない」をベースにして、努力する。

でもそのもうひとつ下には「どっちもありだな」というベースがあるとよいと思います。

そうは言っても病気は苦しい、親なり自分なりの死が来れば動揺するし、当然辛いわけで、しかも避けることはできないものでもあります。

特に「死」は、その筆頭に挙げられるでしょう。

お釈迦様は「生老病死《しょうろうびょうし》」の痛みを知って衝撃を受け、それを避けようと試

行錯誤を重ねましたが、結局はできませんでした。

そこで私がお話ししているのは、

「なぜそれがイヤなのかを考えてみましょう」

という提案です。

たとえば、なぜ死ぬのがイヤなのかと考えてみると、

「もっといろいろな国を旅してみたかった」

「まだ親孝行をしていない」

など、さまざまな理由が出てきます。

**理由がわかったら、それをいまやればよいのです。**

つまり、すべてを前倒しにして行動するということです。

もちろん、難しいこともあるでしょう。
たとえば相手が寝たきりの状態なら、食事には連れていけないけれど会話をする機会を増やす、温泉に連れて行きたいなら手浴や足浴をしてあげる、旅行

ならその土地の名産品を取り寄せる——代替がいくらでもできます。

いまできることを、いまやっておく。

すべてが変わりゆくものであるからこそ、それが大事なのです。

# 第4章 いつも迷わない自分であるために——「観自在」

## 今生に生まれてきたテーマ。それが「カルマ」です

「どんな時でも人生は楽しいと思いましょう」
こんな文言をよく見かけたり、耳にしたりします。

**しかし私なら、そこにこう付け加えるでしょう。**
**「どんな時でも人生は楽しい……わけがない」**

ちょっとひねくれているように聞こえますが、これが真実だと思っています。
なぜなら、この世は「修行の場」であるからです。

仏教の観点から言えば、私たちは誰もが「カルマ」というものを持って生ま

れてきています。

カルマとは何か。

最近の解釈には、

「カルマとは、業である」

「前世に悪いことをしたツケを今世で払わなければならない」

「いま、あなたが不幸なのはカルマのせいです」

など、因果応報や清算のイメージがあるようですが、どちらかと言えば、

**「課題」**

**「今生に生まれてきたテーマ」**

という意味合いではないかと私は考えています。

そうした課題やテーマを解決するために与えられたのが、人生というステージなのです。

ですから、自分に与えられた課題をクリアしない限りは、同じような出来事が繰り返し起きてきます。

たとえば前世で自分が他人に対して行ったことを、今回は自分が受ける側になるなど、カルマにはさまざまなパターンがあるようです。

そしてもし、あなたが課題を見つけ、それを解決することができた時、シンプルに言うならば死が訪れます。

「そのテーマはクリアしましたので、今回の人生は終了です」

という感じです。

カルマの観点から言うならば、若くして亡くなる人は今生の課題を早い段階でクリアできた人ということになります。

「善人ほど早死にする」「美人薄命」ということわざには、そうした意味も含まれているのかもしれません。

私たちが生きているのは、今回の人生においてのカルマを未だ達成していないからです。そしておそらく「イヤだな」「苦しいな」と感じる同じような出来事が繰り返し起きていることでしょう。

「私はダメ人間だから、イヤなことばかり続くのだわ」と思っていませんか？

決してそうではありません。

**あなたが課題に気づくまで同じことが繰り返されているだけです。**

ですから自分を否定する必要はないのです。

## 人生は修行の場。カルマ探しの旅をしましょう

いつも同じような不幸が続くと嘆いている人に対して、私はよく、

「では、あなたのカルマ探しをやってみましょう」

と提案します。

みなさんもぜひ、やってみてください。


**まず、いちばん最近イヤだと感じたこと、頭にきたことを書き出します。**

**次に、いままでの人生の中でいちばんイヤだったこと、未だに心に残っているほど苦しかったことを書き出します。**

**最後に、自分が幼い頃の記憶の中で覚えているイヤだったことを書きます。**

この三つを並べて書いてみると、繰り返し出てくる言葉やキーワードが見つ

かるはずです。

**そう、それがあなたの「今生のカルマ」です。**

課題がたったひとつの場合もあれば、複数の場合もあります。

最も多いのは、やはり人間関係の問題です。

中でも「裏切られた」「仲間外れにされた」という体験を繰り返している人はたくさんいらっしゃいます。

そして幼い頃イヤだったことを「母親にあまり可愛がられていなかった気がする」と書く人も少なくありません。

これらの項目を並べてみると「愛される」というのが今生の課題のように思いますが、それは少し違います。

何回も起こる出来事によって「愛を外に求めるのをやめなさい」ということを学ばされている――つまり本当の課題は、

「もっと自分を愛しなさい」

「自分で自分を満たせるようになりなさい」

ということなのです。


しかし解釈の仕方はさまざまで、出てきた言葉がそのままテーマであることもありますが、話しているうちに気づく、腑に落ちるものが出てくる場合もあります。


私たちの脳内には、生きてきた年数分の記憶がたくさん貯蔵されています。

そのため、今日と明日ではまったく違う内容が出てくることもあり、するとこれもそう、あれもそう、といくつかの課題が見えてくるわけです。

そうして見つかったテーマが五つあるとします。

たとえば「仲間外れにされる」という出来事が起こらなくなったら、その中の課題がひとつ解決したサインです。

解決すれば、もう同じことは起きてきません。

どんな方法を取ったのかわからなくても、いつの間にか解決しているということもあるのです。

私の場合は、前世に何があったのかは別として「他人に対して何かを施す」ということが今生の課題であり、だからこそ看護師を職業にしているのだと自覚しています。

ところが、自分の仕事や職業に対しての情熱が突如として醒めてしまい、「もうそろそろいいかな」「この役割をこれ以上続けていくには違うような気がする」といった気持ちが湧いてくる、ということがあるものです。

突然新しいことを始める人、時々いますよね。
「あんなに熱心にやっていたのに、どうしちゃったの?」
「いや私、他のことをやりたくなったんです」
傍から見れば、これは「社会的にバーンアウトした人」「物事が続かない人」ということになるでしょう。

しかしカルマという観点からすると、課題のひとつをクリアして次の課題に移行した、ということになるのです。

私は夫を看取った後、看護師に復職する前にどうしても出家したくなったのですが、それもまたカルマの移行だったのだと思っています。

世の中には、まるで渇望するように何かに打ち込んでいる人もいらっしゃいます。

ボランティア活動などはまさにそうでしょう。

私たちから見れば「実生活を犠牲にしてまでやらなくても……」という感じですが、きっとそこにはその人の今生のカルマがあって、達成できていないから突き動かされるように動いているのだと思うのです。

それでも解決する時がきたらパッタリやらなくなる人もいるし、人生のすべてを賭けて最後までやり抜く人もいます。

それは、このカルマを今生で達成できるという確約はなく、中には来世に持ち越す人もいるからです。

「憑き物が落ちた」という言葉がありますが、それもカルマ達成のひとつの現象なのかもしれません。


この世は、私たち人間にとっての修行の場。どんな時でも人生が楽しいわけはないのです。

けれどもし、毎日が楽しいと感じられる時が来たら、あなたの今生のカルマはすべて解決しているということ。

もうすぐお迎えが来るかもしれませんね（笑）。

## 生き甲斐とは、達成するものではありません

さまざまな人の相談とケアをさせていただいている中で、時々気になるフレーズを耳にすることがあります。それは、

「生き甲斐など持っていない」

「生きる甲斐がない」

という言葉です。

毎日がつまらない。したいことは何もない。将来に夢もない。食欲はかろうじてあるけれど、さほど興味もないから「美味しいものを食べたい」という欲もない。とにかくすべてにおいて、ローテンションなのです。

それほど無気力であれば、自分の死をリアルに見ていて「いつ死んでもいい」

と思っているのかというとそうではなく、むしろまったく意識していません。

たとえばお酒ばかり飲んでいる人に、

「それ以上飲んだら死んじゃうよ！」

と注意すると、必ずといってよいほど、

「死なないよ」

という答えが返ってきます。

意地でも言い訳でもなく、本当に死なないと思っているようです。

**つまり彼らの中には、現実としての「死」がないのです。**

もうひとつの特徴としては、自分以外に守るものがないということ。「誰かのために」という生き方を考えていないか、あるいは捨ててしまっています。


生き甲斐、生きる甲斐とはそもそも何でしょうか。

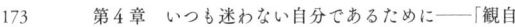

彼らの特徴から鑑みれば、第一条件は「死ぬ」ということを明確に意識しているかどうか、ということになります。

要は、どれくらい遠くまで自分の人生を見ているのか、ということです。

人生の中で最も遠いところにあるのは「死」ですから、死ぬということをきちんと意識していれば、

「いま、生きていてよかったな」

と感じられるはずです。


第二条件は、自分以外の「守るもの」がどれくらいあるかということ。


そして最後にもうひとつ、大事な第三条件があります。

それは「感謝」です。

生き甲斐を持たない人たちを見ていると、生んでくれた親にも、日々ケアをしてくれるヘルパーさんにも、治療をしてくれる医師にも感謝の念が薄く、そ

れゆえに自分自身をひどく扱ってしまう傾向があります。

確かに鬱々として、いままでさほど幸せなこともなく、親にも愛された記憶がなかったとしたら、何に対しても感謝の念を持てないでしょうし、そのこと自体にも気づけないかもしれません。

しかし私は、

- **自分の人生をどれくらい遠くまで見ているか（死を意識しているか）**
- **自分以外に守るべきものがあるか**
- **感謝の念を持っているか**

この三つの条件が揃うことが「生きる甲斐」であり、同時に「人間の器」の大きさを表していると思うのです。

「器が大きい」「器が小さい」という言葉をよく聞きます。

たとえば、自分のことだけを考えていればよい若い男子と、結婚して妻子を持って働いている男性とでは、やはり器の大きさが違うものです。

自分の稼ぎで家族を食わしていくという人にとって、妻子は守るべきもの。

家事に務めて快適な毎日を提供してくれる妻への感謝。

生まれてきてくれただけでありがたいと思う子供の存在。

そして「オレが死んだら困るよな」という思いで頑張っているならば、死も意識している――だからこそ、器もだんだんと大きくなっていくのです。

最近は、独身で子供を持たない人も増えています。

しかし結婚していないからと言って「守るもの」がないということはありません。

守るものは「人」だけではなく、犬や猫などのペット、植物でもよいからです。

「私が病気になって入院したら、お散歩やご飯をあげる人がいなくなる」

だからきちんと運動をします、ご飯も食べます……というように、ペットが生き甲斐になっているお年寄りはたくさんいらっしゃいます。

私の知人は、観葉植物のパキラをとても大事にしていて、水やりをするために外出や旅行の日程を調整しているほどです。
これらはある意味で「依存」のひとつかもしれませんが、「そのために自分が生きている」と思うことができれば、それはもう立派な生き甲斐です。

私たちは、「最後は自分でケツを持つ」という生き方をして、基本的には「ひとり」ではあるけれど、「何かのために頑張る」ということは自分だけのためだとなかなか難しく、ついつい「もういいかな」と自分を甘やかしてしまいがちな生き物です。

そうした観点から考えても、やはり「守るべきものを持つ」というのは、生き甲斐を持つための最も重要なファクターではないかと思います。

一般的に生き甲斐というと、何かとてつもなく大きなもののように思いがちですが、決してそうではありません。

ペットでもいい。観葉植物でもいい。けれど毎日お世話するものでなくてもいい。たとえば「家の前の道路を毎日掃除する」ということでもよいわけです。

生き甲斐に似た言葉に「目標」というものがあります。

目標がある人もいれば、ない人もいる。

大きい小さいでもなく、重い軽いでもない。

ましてや他人と比べるものでもありません。

しかし確かに言えることは、目標というものはゴールを決めて「達成」するものである、ということです。

一方の**生き甲斐とは「行動」だけではなく、どんな心持ちでそれに取り組んでいるのか、ということに重要性があるのはないでしょうか。**

「生き甲斐は孫なのよ」

という人がいます。

だからと言って、孫に対して常に何かを働きかけるわけではなく、

「孫が順調に大きくなって、幸せになったらいいなぁ」

という思いを感じられる、それだけでよいのです。

その成長を遠くから見ているだけでも幸せだと感じられるのです。

もっと言うならば、会えなくても、声が聞けなくても、自分の気持ちの中に「孫がいる」という思いと「孫が幸せであればいい」という思いがあることそのものが、生き甲斐になっているわけです。

達成するものでもなく、終わるものでもない――それが「生き甲斐」なのかもしれません。

# 自立とは、依存先を増やすことである

魂的に言えば、人間は誰しも「ひとり」です。

しかし、それと「自立」とはまた別のお話です。

自立という言葉からみなさんがイメージするのは、おそらく、

「たったひとりで生きていく」

ということではないでしょうか。

**本当の自立とは、**

**「いかに依存先を増やすか」**

ということです。

赤ちゃんは、生まれた時にはまだ自立していません。

ですから依存先は「お母さん」しかありません。

しかし成長するに従って、お母さんがいなくても大丈夫になったり、友人ができたり、恋人ができたり、他にもいろいろなことができるようになっていきます。

そうやってさまざまな人と繋がり、さまざまなことに興味を持つことが、お母さん以外の「依存先を増やす」という行為です。

それを、人間が社会の中で生きていくための「自立」と言います。

その点を勘違いしている人が、意外と多いのです。

「私は誰にも頼らずに生きています」

という人がいますが、あなたが部屋でパチンと電気のスイッチを押した時、灯がつくのは電力会社がやってくれているわけですし、蛇口をひねってお水を飲んでいるけれども、それは水道会社が関わっていて――と、頼っていますよね。

そうした**依存先がひとつしかないことを「依存症」と言います。**

第2章でお話しした「道具箱」の中に、ツールがひとつしかない状態と同じ。つまり依存先が少ないと、病気になってしまうのです。

**大人として自立するということは、**
**「依存先がたくさんある」**
**ということであると知ってください。**

依存先がたくさんあれば、依存したい気持ちが分散します。たとえば恋人だけに依存していると、どうしても猜疑心が湧いてきます。けれど他にも依存先があれば、疑う気持ちは分散されます。

それが自立になるわけです。

お酒を飲む時もある、旅行する時もある、誰かに会う時もある、と、いろいろな選択肢があること。これが正常な自立です。

誰もが「天使の自分」と「悪魔の自分」を絶対に持っていて、それをきちんと見ていないと中道を歩けない、自分の木が大きく太く育っていかないというお話と、結局は同じことなのです。

## 「後悔」という感情との付き合い方

看取りの場面で、私は後悔に苛まれているご家族としか会ったことがありません。

傍から見ればとても頑張っていたし、看取りも完璧で最高だったし、故人もさぞ喜んでいるだろうと思うのですが、誰もが１００％の確率で大なり小なり後悔をしているのです。

かく言う私も、亡夫のことではたくさんの後悔があります。

もちろん在宅医療や自宅での看取りをしてよかったと思う点もありますが、「もしも万全な治療を最後の最後まで頑張っていたらどうだったかなあ」などと「たられば」のことを未だに思っています。

ということは、物事の「出来栄え」には関係なく、人間は過ぎたことに対して絶対に後悔する生き物なのではないでしょうか。

稀に、

「人生で後悔したことは一度もない」

と断言する人もいらっしゃいますが、それはとても幸運なことだと思います。


**「人生は後悔ありき」**

**本来はそれがスタンダードであり、デフォルトだと思っていたほうがよいかもしれません。**


私たちはおそらく、振り返って後悔することで成長していると思うのです。

これは前述した「カルマ探し」のお話とリンクしています。

カルマ、つまり今生での課題は、それをクリアするまで同じことが何度も起こるものですが、その繰り返し起きてくるカルマを次はどうやったら乗り越えられるのか――その方法のひとつが「後悔」だと言えます。

トライしてみたけれどダメだったこと、困ったこと、イヤだったこと、残念だったこと、ああすればよかったこうすればよかった……ということを、後悔として考えることによって、次に同じ出来事＝課題が来た時に、少し違う立場で対峙することができるようになったり、以前よりも少し幅広い考え方ができるようになるはずです。

しかし、まったく後悔せずに流してしまうと、次に同じことが起きた時にまた同じカルマになっていくのではないか、という気がします。

**後悔は、必要なこと。**

**しかし、その感情の海に溺れ、落ちていってはいけません。**

反省すべき点はとことん反省し、とことん後悔した後には必ず、

「あの時はあの選択しかできなかったし、あれは最高の選択だったのだ」

と思うことも大事です。

ところが中には、同じことをやって同じ後悔ばかりしている人もいます。

それはカルマの問題もありますが、おそらく後悔の仕方が間違っているのだと思います。

実は、後悔には「身のあるもの」と「残念なもの」の二種類があるのですが、どうせなら前者のほうを選んでいただきたいものです。


もうひとつ気になるのは、慎重すぎるパターンです。

「私は絶対に後悔したくないから」

と怖がってがんじがらめになってしまったり、石橋を叩きまくっても渡らないという人もいます。

慎重さは大事ですが、それはちょっと違うと思うのです。

そんなに硬くならず、いろいろなことにチャンレジしていけばよいし、ソフトにあたっていけばよいのではないでしょうか。

「そんなことしたら後悔するぞ」

「後悔先に立たず」

「勉強しないと、後悔するわよ」

など、社会的にはちょっとした脅し文句として使われる言葉ではありますが、私たちは後悔の数だけ成長できるのです。

## 自分なりの「プチリチュアル」で心を整えましょう

ここまでいろいろなお話をしてきましたが、読んで納得しても、ワークを実践しても、心が乱れてしまうことはたくさんあるものです。

そんな時でもサッと自分軸に戻れるような「小さな儀式」を作っておくと、とても重宝します。

**儀式のことを英語では「リチュアル」と言うそうなので「プチリチュアル」とでも名付けておきましょう。**

**私たち僧侶も「毎朝ご灯明をつけて、読経する」という儀式を必ず行っています。**

できればそのように、毎日必ずできるようなプチリチュアルを持つとよいと思います。

もちろん、たまにやらない日があってもよいけれど、おしなべて実践するように心がけましょう。

「毎朝3回、深呼吸をする」など、本当に小さなことでかまいません。

大事なのは内容ではなく、

「決まったことを繰り返し行う」

という点にあります。

つまりこれは、儀式であると同時に「修行」でもあるわけです。

その目的は、

**「その時の気持ちがどこにあっても、プチリチュアルを行うことによって真ん中＝中道＝自分軸に戻ることができる」**

ということです。

私もみなさんと同じようにイライラしたり、イヤなことがあって落ち込んだりというのは日常茶飯事ですが、ご本尊様の前に座って鐘をチーンと鳴らすと、即座に「真ん中」に戻ることができます。

これが、繰り返し行う修行や儀式の「力」です。

要するにリチュアルというのは「意識づけ」であり「練習」であり「訓練」です。

ベルが鳴ったら犬がヨダレを垂らすようにするという実験がありましたが、そんなふうに自分で自分を訓練していくわけです。

私たち僧侶が行う修行というのもすべて訓練であって、何かを悟り、すごいことをできるようになるためのものではありません。

自分で決めたプチリチュアルをやるだけでサッと真ん中に戻れるような、いわゆる「結界」的なものを自分の中に持っておけば、日々アップダウンの激しい世の中も、難しい人間関係も、少しは楽に乗り切っていけるのではないかと思います。

しかし、あまり難しいことや時間のかかることを選択すると負担になってしまうのでシンプルに、かつ五感（視覚・味覚・嗅覚・聴覚・触覚）に働きかけるもののほうが訓練としての効果が上がりやすいでしょう。

プチリチュアルの内容を決めたら、今度はそこに意味合いをつけていきます。

たとえば、

「イライラしたら空を見る」（視覚）

「落ち込んだらジャスミン茶を飲む」（味覚）

「腹が立ったらローズのお香を焚く」（嗅覚）

という感じです。

そして、決めたことを繰り返し行って体得していくこと。

体に入れば、そのプチリチュアルを行っただけで自分の真ん中に戻ることを、簡単にできるようになります。

多くの人、特にスピリチュアル好きな人の中には、儀式がもたらす効果を「自分で実践して得るもの」のではなく「与えられるもの」だと思っている人も少なくないでしょう。

それでお寺に行ったり、神社に足を運んでは、

「ここにくると落ち着くなぁ……」

と思ったりするわけです。

これは私たちが受けてきた教育の賜物で「お寺に行くと落ち着く」ということが何となく刷り込まれているために、そういう気分になっているだけ。

ならばその刷り込みを自分自身で作って結界にしてしまえば、どんなことがあってもすぐに元に戻ることができるようになるのではないでしょうか。

プチリチュアルは、ひとつだけと決める必要はありません。

悲しくなったらこの儀式、落ち込んだらこの儀式、と分けてもよいでしょう。

その中に「たまには神社やお寺に行く」という項目を入れるのもありです。

ただし、**逆にリチュアルに囚われないようにしてほしいものです。**

中には「プチリチュアルがいくつもあって、それを全部やるまで外出できません」などと言う人がいますが、それはナンセンスというもの。

儀式や訓練は、常に自分のコントロール下にあるべきもので、コントロールされるようになると強迫観念に捉われてしまいます。

「今日はやるのを忘れたな」くらいの気持ちで、臨機応変に取り入れていきましょう。

## いつの時代も、世の中は生きづらいものなのです

かつてお釈迦様は、修行や瞑想を重ね、「ここにいながらにして、遠くのことが手に取るようにわかる」という自分になれることを目指していらっしゃいました。

自分は山の中に座っているけれど、心を集中させることによってたとえば本当に波の音が聞こえる、海が目の前にあって自身がその中にいると感じることのできる境地まで達していたそうです。**これを仏教用語で「観想《かんそう》」と言います。**

もうひとつは、千々に乱れる気持ちを瞑想で自分軸に戻し、いつも同じ位置に自分がいられるようにするというのも、瞑想や修行の目的でした。

ところが先日、私は「VR」というゲームを初体験してびっくり仰天してし

まいました。

ちょうど海に潜るゲームだったのですが、とにかくリアル。思わず息が苦しくなってしまうほどのリアルさだったのです。

ということは、VRを使用すれば、お釈迦様が訓練に訓練を重ねた域までいっぺんに到達できてしまうわけです。

「自分軸に戻る」という修行は心を落ち着かせるためのものですが、それも薬を飲めば一発、という感じです。

つまりいまの世の中は、文明の利器や科学がなかった頃、自分の力で修業して到達しようとしていたところまで、簡単に行けてしまう時代なのです。

**そのように比較対照してみると、この現代に生きる人々は全員、修行に修行を重ねて卓越した人たちの域にまで、普通に達しているということになります。**

修行することで得られるゴール地点に、みんなが既に立っている。

その現実を、私はただただ「大変ですね……」と思ってしまいます。

「生老病死」を知って出家する以前、お釈迦様は部族の王子として生まれたことから何ひとつ不自由することなく、そして世の中の汚い部分も見せられることなく育ちました。

現代人は、そんなお釈迦様と似ているなあと思う面があります。死を遠ざけ、アンチエイジングに走り、障害者をやんわりと排除して「健康で若くて美しい人」を自分の周囲に置こうとする――まさに「一億総お釈迦様時代」です。

**それと同時に「一億総阿羅漢《あらかん》時代」でもあると感じています。**

阿羅漢とは、修行を終えて悟りを得た人のことを言います。全員がいとも簡単に、修行を重ねて到達すべき境地にあるわけです。

ではその境地を以てして、次は何をすればよいですかと問われたら、答えに窮してしまいます。

つまり発達し過ぎた現代は、生きづらい世の中であると言わざるを得ないということです。

お釈迦様は「生老病死」を知った後、

「なぜ生まれているのか」

「なぜ命を受けたのか」

といったスピリチュアルペインを抱えて修行に励み、居ながらにしていろいろなことを知る、観る、軸を持つというところに到達していきました。当時は宇宙など見えるはずはないのに「こういうものだ」と考え、腑に落とすことによって、人間の80年余りの生老病死というものを「小さいもので諸行無常なのだ」と考えることで悟り、その悟りが救いとなったのです。

ところがいまは、テレビやネットで宇宙を見ることもできるわけです。

修行はしていなくても、生まれた時から「知っている」状態。

その情報には、よいものも悪いものもあって、取捨選択が難しい……。

**しかしきっとどんな時代でも「生きづらい世の中だ」と、どこかの誰かが口にしていたはずです。**

文明の利器がなければないで生きづらく、あればあったで生きづらいのです。

必要なのはやはり自分軸。それさえあればブレることはないでしょう。

# 人生にはバランス感覚が必要です

これは職場の話ですが。

ある病気が原因で、片方の腕には原則点滴をしてはいけない、という患者さんがいらっしゃいました。

ある日、その患者さんにある点滴をすることになったのですが、血管が細く針がなかなか入りません。

いろいろと試行錯誤をしてみたのですが、どうしても針を刺せる血管が見つからず、

「もう片方の腕なら、何とかできるかもしれない」

という結論に至りました。

このような場合はどうするかというと、その点滴がどれくらい必要かということをまず考えるわけです。

どちらでもよいならやめたほうがよい、どうしてもやらなければならないのなら、原則はあるけれどやったほうがよいということになるのですが、最近はその判断がわからない人が増えたなあという印象が強くなっています。

いわゆる「マニュアル世代」だからなのでしょうか。

とっさの判断がつかない、自分で考えられない、別の見方ができないのです。するとその次に出てくるのが、指示やアドバイスをした人への「攻撃」。なかなか極端な感じです。

人生は何ごとも、バランスが大事です。

**マニュアルだけに頼れば臨機応変さに欠け、感性だけに頼れば責任感に欠けてしまいます。**

たとえばあなたの仕事がマニュアル中心ならばクリエイティブなことを、座りっぱなしのデスクワークなら山登りなど体を動かすことを、自由業ならルールを守ることを、趣味として取り入れてはどうでしょう。

そうすれば、バランス感覚が自然と身についてくると思うのです。

## 「自分軸」さえあれば、自由自在に生きられます

一時期「自分探し」という言葉がかなり流行しました。

「私には居場所がないんです」

と嘆き悲しみ、必死に探している人もいらっしゃいます。


**仏教では、最終的な境地を「無我《むが》」としています。**

**つまり「私」「自分」というものがないのです。**

ですから、「自分探し」とか「居場所」という言葉を聞くと、私としてはオヤオヤ？　と思ってしまいます。

それは「自分軸」とはまったく異なるものです。

「今生の私の課題や、やるべきことは何だろう」と考えるのとも違います。

「私って、こういう人なの」としゃべる人、インスタ映えすることをいつも考えている人などに、自分探しや居場所探しをしている人が多いのではないか――最近はそう思えてなりません。

たとえば洋服だったり、食べ物だったり、行動だったり、そうしたことの瞬間瞬間を切り取って自分を形作っている彼、彼女たちを見る度に、

「では本当のあなたの軸は何なの？」

と、問いかけたくなってしまいます。

自分探し、居場所探しというのは、要は「個性探し」であって「他人と違う何か」を押し出したいのではないでしょうか。

しかし本当の個性とは、他人とまったく同じことをしているのに、

「なぜかあの人に目がいくよね」

というものであって、全員紺色の服を着ているところへピンク色の服を着て加わるようなものではないと思うのです。そうすれば確かにピンク色の人に目がいくけれど、それは個性ではなく「クセ」。単に目立っているだけなのです。

**みんなと同じ服を着ているのに、みんなと同じことをしているのに、なぜだかあの人だけが光っている――それが個性の本質であり、その人の魂から自然と発せられる「光」なのです。**


誰といても、内側から光を放っている。

どこにいても、そこが自分の居場所になる。

どうか、そんな生き方をしてください。

**そのために必要なのが「自分軸」なのです。**

**自分軸があれば観自在。すべての物事を自由自在に見られるようになります。**

学校でも、病院でも、老人ホームでも、そこが自分の居場所になるかどうかはあなた次第なのです。

# おわりに　悩んでいた問題がちっぽけに見えてくる瞬間

「山で道に迷ったら尾根に出ろ」が鉄則だそうです。

けれど、一刻でも早く平地に降り立ちたい迷い人は慌てて沢に下り、遭難してしまうのだとか……。

これ、人生の〝迷い〟でも同じかもしれません。

迷ったら止まる。

そして、少しでも高いところから周りが見渡せるように自分自身の「木」を育てる。

成長し高く伸びた枝の上から見下ろせば、それまであんなに悩んでいた問題がちっぽけに見え、解決の道筋もくっきり見えてくるものです。

でも、その「育てる」時間を待てずに慌てて動いてしまうから、問題はよけいにこんがらがってしまうのです。

苦しい時、辛い時にこそ、立ち止まって自分自身の「木」育てに専念しましょう。

「冗談じゃない。そんなことしている間にやられちゃうよ！」

そうですか。だったら最低限の防御や攻撃はしながら、育てるほうにも力を回しましょう。

頑張らなくていい。今日一日をなんとか乗り越えましょう。

そうすれば、必ず変わってゆきます。

だって、この世は諸行無常なのですから。

玉置妙憂

編集協力　和場まさみ
写真　　　中村宗徳

# 困《こま》ったら、やめる。迷《まよ》ったら、離《はな》れる。

「自分の軸」がある生き方のヒント

2019年1月31日　初版発行
2020年1月12日　2刷発行

著　者……玉置妙憂《たまおきみょうゆう》
発行者……大和謙二
発行所……株式会社大和出版
東京都文京区音羽1-26-11　〒112-0013
電話　営業部03-5978-8121／編集部03-5978-8131
http://www.daiwashuppan.com
印刷所……誠宏印刷株式会社
製本所……ナショナル製本協同組合
装幀者……後藤葉子(森デザイン室)


ISBN978-4-8047-0561-3